내 인생의
수채화

_____ 님께

이 한 권의 책에 마음을 담아 드립니다.

    년   월   일

_____ 드림

〈장수영 수필 제3집〉

내 인생의 수채화

수필과비평사

책머리에

유난히 무더웠던 여름도 가고 어느새 조석으로 가을바람이 서늘하다.

첫 수필집 《별을 헤아리던 밤》, 제2집 《선물》에 이어, 만 3년 만에 다시 제3집 《내 인생의 수채화》를 세상에 내놓는다.

사람은 누구나 세상에 한 번 나왔다가 한 순간에 바람처럼 사라진다. 나도 그중 하나다. 속절없이 사라질 내 인생행로를 나만의 색깔로 그려보고 싶었다.

내가 사회적으로 맡은 일 외에도 챙겨야 할 주변사람이 많다. 특히 구순이 넘으신 부모님이 아직 내 곁에 계실 때 무언가 기쁨을 드리고 싶었다.

올해는 딸과 어릴 때부터 친자매처럼 자란 언니의 하나밖에 없는 딸이 첫 딸을 낳았다. 마음이 착해 주변을 잘 살피는 질녀에게도 아기의 탄생을 축하해주고 싶다.

이 수필집은 내 삶의 기록이자 이야기로 그린 자화상이다. 혼탁한 세상에 좀 더 밝게라도 보이고 싶어 '내 인생의 수채화'라는 제목을 붙여보았다. 이 글을 읽는 독자들에게도 나의 진솔한 마음이 전해지길 바란다.

그동안 나를 사랑해준 부모님과 형제들, 하나밖에 없는 딸 내외와 귀염둥이 손녀, 이제 새롭게 둥지를 튼 질녀 내외와 딸에게 사랑을 전하고 싶다

또한, 언제나 글쓰기에 도움을 주신 강호형 선생님과 강희동 선생님, '타라'를 통해 글로벌 꿈을 갖게 해준 타라소프트의 안채명 대표님과 옆에서 늘 나의 일을 말없이 도와주신 타라월렛 이이엽 부사장님, 과천문협 및 과천수필, 경기문학인 및 문학과 비평 회원, 그리고 나를 아는 모든 분과 함께 이 발간의 기쁨을 나누고 싶다.

2024년 10월

장수영

서평

긍정의 에너지
– 장수영 제3 수필집 《내 인생의 수채화》에 붙여

강호형(수필가)

"글이 곧 그 사람이다"
수필 쓰는 사람들이 구호처럼 되뇌는 말이다. 수필가 장수영이 이 수필집에서 그 '구호'를 실증으로 보여주고 있다.

장수영의 수필을 읽다 보면, 소설가 이태준이 그의 저서 〈문장 강화〉에서 "아프지도 않은데 신음하는 글을 짓지 말라.(공연히 오! 아! 류의 애상에 쏠리지 말라)"라고 한 말이 떠오른다. 그녀는 워낙 아프지도 않은데 아픈 척 신음을 하기는커녕 아파도 안 아픈 척 웃어 보일 사람이다. 나는 지난 이십여 년 동안 그녀가 화를 내거나 우울해하는 얼굴을 본 적이 없다. 언제 만나도 밝은 표정, 무슨 이야기를 해도 늘 긍정적이고 우호적이며 미래 지향적이었다. 행동이 날렵하고 언변에 거침이 없으면서도 상대방의 기분을 해치는 일이 없었다.

그녀는 나이가 들수록 호기심이 많고 의욕이 넘치는 사람이다. 유아교육 관련 박사학위를 가진 첨단 기업의 CEO 이자 수필가이면서도 어린아이처럼 호기심이 많다. 보이는 것, 들리는 것마다 관심을 기울이려니 늘 바쁘다. 그녀가 살아가는 모습을 보면 중국 상나라의 탕왕이 쟁반에 일신우일신日新又日新이란 문구를 새겨놓고 날마다 새롭고 또 새로워지기를 다짐했다는 고사가 생각난다. 그녀는 몸이 가벼운 만큼 행동이 민첩할 뿐 아니라 결단도 빠른 사람이다. 배우고 싶은 것, 하고 싶은 일이 있으면 지체없이 가르치는 곳을 찾아가 배우고, 하고 싶은 일은 실행에 옮김으로써 긍정의 에너지를 발산한다.

이렇듯 그녀의 일상은 도전의 연속이다. 그 바쁜 중에도 한국무용, 라틴댄스, 기타, 피아노, 드럼, 서예 등의 실력이 공연이나 전시에 참여할 정도다. 게다가 명리학으로도 일가를 이루어 "돗자리 깔라"는 농담을 들을 만큼 사주풀이에 일가견을 가지고 있는가 하면 AI시대의 필수 장비인 컴퓨터에도 능한 만능 재주꾼이다.

이렇듯 세상을 긍정적, 적극적으로 살아가는 마음 바탕에는 인간과 자연에 대한 짙은 애정이 깔려 있다.

지난 추석, 아버지는 요양병원에 누워있는 남동생 걱정에 눈물을 보이셨다. 다행히도 내 사업이 다시 잘 되기 시작해 동생의 병원비를 내가 모두 책임질 수 있었다. 그래서 부모님께는 이제 자식 걱정은 그만하시고 두 분의 건강만 챙기시라고 말씀드렸다. 그러자 아버지의 표정이 한결 밝아졌다. 그 순간, 부모님이 내 곁에 계실 시간이 얼마 남지 않았다는 생각이 스쳤다. 바쁘다는 핑계로 자주 찾아뵙지 못했던 것을 더 늦기 전에 바로잡아야겠다고 마음먹었다.

그날 바로 아버지 통장에 용돈을 입금해드리고, 필요한 곳에 쓰시라고 전화드렸다. 예전 같으면 선물이라도 드리면 내가 힘들까 봐 손사래를 치셨을 아버지가 그날따라 "고맙다"라는 힘없는 말을 남기셨다. 그 속에서 자식에 대한 안도감과 따뜻한 정을 느낄 수 있어 가슴이 뭉클했다.

— 잔가지

어제는 휴일을 맞아 부모님을 뵈러 갔더니, 구순의 친정아버지가 말씀하시길 "앞으로 너는 사십 년을 더 살아야 하니, 지금부터 어떻게 살지를 생각하고 노후를 잘 준비해야 한다."고 당부하셨다. 나는 "아버지, 저는 할 일이 많아서 심심할 틈도 없고, 모두 머릿속에 준비되어 있으니 걱정하지

마세요."라고 대답했다.

  나 역시 예외는 아니었다. 부모 눈에는 여전히 내가 어린아이처럼 보이는 것은 어쩔 수 없는 것 같다.

— 부모의 마음

  다음으로 딸네 가족의 운세를 보았다. 초반에는 약간의 어려움이 예상되지만, 여름 이후로는 여러 가지 일이 잘 풀릴 것이라고 나왔다. 딸은 둘째 아이를 언제 낳으면 좋을지 물었는데, 내심 한 명만 잘 키우라고 하고 싶었지만, 본인이 원한다면 둘째를 낳는 것도 큰아이에게 좋은 선택일 것 같았다. 비록 내가 전문가가 아니지만, 결과를 보니 11월에 태어날 아기와 산모가 모두 건강할 것 같았다.

— 복여운

  이상 몇 대목만으로도 그녀의 부모님에 대한 효심과 가족애를 짐작할 수 있다.

  여름 과일이 무르익은 7월의 어느 날, 지인 K로부터 전화가 왔다. 그는 낙향해 과수원을 가꾸며 소일하고 있었다. 3년 전에 심은 복숭아나무가 올해는 100박스 이상의 열매를 맺을 것 같다며 필요한 만큼 주문하라고 했다. 날씨도 더운데 혼자서 작업하는 K의 수고를 덜어주고, 고마운 이들에게 나눠줄 겸 스물두 박스를 주문했다. (중략)
　이번 K의 복숭아 덕분에 주변 이들에게 작으나마 나의 마음을 전할 수 있었고, 그들이 기뻐하는 모습을 보며, 주는 즐거움이야말로 진정한 '나눔의 행복'임을 깨달았다.

— 나눔의 행복

　낙향한 지인을 도우려고 그가 서툴게 재배한 복숭아를 대량 구매해서 이웃과 친지들에게 선물 한, 따뜻한 마음씨를 엿볼 수 있는 대목이다.

　창밖에는 마침 비둘기 서너 마리가 구구거리며 무언가를 열심히 찾고 있었다. 아마 먹이를 찾는 것 같았다. 쌀벌레가 있는 쌀을 창밖에 흩뿌리자, 모두 우르르 몰려오더니 바닥에 떨어진 쌀알을 열심히 주워 먹었다. 여기저기 흩뿌려진 쌀알이 순식간에 사라졌다. 그 모습을 멀리서 지켜보던 다른 비둘기들까지 날아와서 서성였다.

— 비둘기 손님

관악산 개울가 위쪽 작은 웅덩이였다. 그곳에는 투명한 막에 둘러싸인 까만 점들이 가득 모여 있었다. 그것이 바로 개구리알이었다. (중략)

동료 A와 함께 물웅덩이를 찾았다. 올챙이들은 다행히도 빗속에서도 떠내려가지 않고, 어느새 앞다리도 나오고 꼬리도 조금만 남아 개구리가 될 준비를 하고 있었다. 그러나 일부 올챙이들은 아직 성장이 느렸다. 아이들이 성장하여 부모가 되듯, 언젠가 때가 되면 작은 올챙이들도 개구리가 되어 자신들의 임무를 다하고, 다시 어미 개구리로 돌아와 이곳에 알을 낳을지도 모른다. 생명의 소중함과 자연의 아름다움에 오늘도 마음속으로 감사의 기도를 드린다.

— 개구리 알

이런 대목에는 자연에 대한 호기심과 애정이 담겨 있다.

큰 욕심 없이 주어진 나의 삶에 감사하며, 다른 이들에게 작은 것이라도 베풀 수 있는 마음의 여유를 가질 수 있음에, 오늘도 나는 감사의 기도를 드린다. (중략) 다음 날 아침, 눈을 뜰 때는 오늘도 밝은 빛을 맞이할 수 있음에 감사하며, 사랑하는 이들과 함께 하기를 기도한다. 그러다 보면 왠지 모르게 힘이 나고, 좋은 일이 일어날 것 같은 기분이 든다. 비가 올 때는 사랑하는 이들에게 빗방울 수만큼 좋은 일이 일어나기를 기도하고, 눈이 올 때는 하늘에 흩날리는 하얀 눈송이만큼 좋은 일이 있기를 기도한다. (중략)

 큰 욕심 없이 주어진 나의 삶에 감사하며, 다른 이들에게 작은 것이라도 베풀 수 있는 마음의 여유를 가질 수 있음에, 오늘도 나는 감사의 기도를 드린다.

— 기도

 인생은 누구에게나 한 번 주어지고, 그 순간은 바람처럼 사라진다. 그러나 우리는 그 순간이 영원할 것처럼 살아간다. 언제, 어디서, 어떻게 될지 모르는 것이 때로는 인생을 더욱 소중하게 만들고, 그 덕분에 우리는 행복할 수 있다.

 지금, 이 순간도 내 인생은 계속해서 그려지고 있다. 완벽하지는 않지만, 자연스럽게 어우러지는 색의 흐름처럼 내 인생은 그렇게 흘러간다. 오늘 나는 이 수채화 위에 어떤 색을 더할 것인가.

— 내 인생의 수채화

 어린 아기조차도 인상이 좋은 사람을 보면 환하게 웃으

며 좋아하고, 인상이 나쁜 사람을 보면 금방 울음을 터뜨린다. 아기처럼 밝게 웃는 모습은 주변 사람들에게 긍정적인 에너지를 전달한다. "소문만복래笑門萬福來"라는 말처럼, 웃음이 가득한 집에는 만복이 들어온다고 한다.

비록 빼어난 외모를 타고나지 않았더라도, 건강한 마음과 밝은 표정으로 자주 웃으며 좋은 인상을 준다면, 복도 따라올 것이다. "이왕이면 다홍치마"라는 속담도 있듯이, 좋은 인상과 긍정적인 외모가 사람들 사이에서 큰 장점이 될 수 있다.

— 첫인상

그녀의 인생관이 담긴 이런 대목들에서는 사람 사는 도리를 생각하게 된다.

'글이 곧 그 사람'이란 말을 실감하게 된다. 이 책에는 인간 장수영의 밝고 활기찬 긍정의 에너지가 갈피마다 가득 담겨 있다. 긍정의 에너지야말로 가장 전파력 강한 행복 바이러스다. 장수영의 그 에너지가 이 책의 독자들을 통해 널리 퍼져서 행복한 세상을 꾸미는 원동력이 되기를 바란다.

차례

책머리에 __ 04

서평 __ 06
강호형 | 긍정의 에너지
―장수영 제3 수필집《내 인생의 수채화》에 붙여

1부
첫인상

감 따기 __ 22

비둘기 손님 __ 27

스마트 시대 __ 32

첫인상 __ 38

금배지 __ 42

AI 자동차 __ 46

고궁 나들이 __ 50

꿈 __ 54

내 인생의 수채화 __ 59

2부
푸른 날의 추억

트라우마 __ 66

안녕 __ 71

나눔의 행복 __ 76

푸른 날의 추억 __ 81

잔가지 __ 86

메타버스 __ 90

복여운 __ 95

꿈은 이루어진다 __ 99

3부
타로 운세

부모의 마음 __ 106

타로 운세 __ 111

산타와 아이들 __ 115

그때 그 시절 __ 119

AI와 함께하는 일상 __ 124

성묘하던 날 __ 129

전화 혼선 __ 134

이름 짓기 __ 139

어떤 이별 __ 144

4부
스마트 알파 세대

특별한 추억 __ **152**

이른 아침 북소리로 전하는 마음 __ **158**

또 한 해, 새로운 도전 __ **162**

엄마의 사랑은 묘약 __ **166**

개구리알 __ **171**

스마트 알파 세대 __ **176**

자석 궁합 __ **180**

여름휴가 __ **184**

5부
꿈을 찾아가는 여정

기도 __ 192
금수저와 흙수저 __ 196
익명성의 두 얼굴 __ 201
꿈을 찾아가는 여정 __ 205
보은 __ 209
붓끝에 마음을 싣고 __ 214
사랑과 질투 __ 219
열정과 도전의 무대 __ 223

1부

첫인상

감 따기

비둘기 손님

스마트 시대

첫인상

금배지

AI 자동차

고궁 나들이

꿈

내 인생의 수채화

감 따기

식탁 위에 놓인 붉은 홍시 하나가 눈에 들어온다. 먹음직스러운 모습에 '나를 먹어보라'고 유혹하는 듯하다. 주저할 새도 없이 한 입 베어 물자, 달콤한 맛이 입안을 사르르 녹인다.

며칠 전, 부모님을 뵈러 친정에 갔을 때 아버지는 날씨가 추워지기 전에 과천 주택가에 심어둔 감을 따야 한다며 걱정하셨다. 지난해는 감나무에 비료를 주지 않아 열매가 적었지만, 올해는 비료 덕분에 많은 열매가 맺혔다. 나는 바쁜 일 끝내고 따러 가겠다고 했지만, 차일피일 미루다 보니 감이 홍시가 되어 땅에 떨어지기 시작했다.

부모님 댁을 자주 찾는 사회복지사가 남편과 함께 약 130개 정도의 감을 따고, 200개 정도는 높아서 남겨두었다고 한다. 더 늦기 전에 아버지가 애써 가꾼 감을 따야겠다는 생각이 들었다. 나는 바쁜 일상을 잠시 뒤로하고 가까운 지인 K를 불렀다.

우리는 아버지가 감을 따기 위해 준비해 둔 최신형 긴 막대와 커다란 쇼핑백을 들고 과천 주택가의 감나무가 있는 집으로 향했다. 나무 밑에는 이미 떨어진 감들이 눈에 띄었다. 다행히도 나무 위에는 여전히 주황빛의 커다란 감들이 주렁주렁 달려 있었다.

그 열매들은 대부분 높은 곳에 매달려 있어 내가 따기에는 벅차 보였다. 하지만 K는 농촌 출신이라 그런지 긴 막대를 능숙하게 다루며 감을 하나둘 따기 시작했다. 나는 그가 따는 감을 받아 커다란 쇼핑백에 담느라 정신이 없었다. 지나가던 몇몇 이웃들이 신기한 광경처럼 우리의 모습을 지켜보았다. 그들이 다가올 때마다 그들의 가방이나 손에 감을 몇 개씩 건네주자, 뜻밖의 선물에 매우 기뻐했다. 특히 노인들은 어린 시절의 추억을 떠올리는 듯 한참을 바라보았다.

평소 시장에서 감을 사다 먹을 때는 많았지만, 이렇게 직접 감을 따본 적은 없었다. 막상 감을 따보니 생각보다 쉽지 않았다. 감나무는 20여 년 전, 아버지가 주택을 지을 때 심어놓은 작은 나무였다. 그곳에 살던 가족들은 떠났지만, 감나무는 변함없이 홀로 아버지의 집을 지키고 있었다. 작은 나무였던 감나무는 긴 세월 동안 키와 몸집이 커져, 어느새 4층 집과도 키를 겨룰 만큼 자랐다.

해마다 여름이면 시원한 그늘을 만들어주고, 가을이 되면 멋진 풍경과 풍성한 열매를 선사해 준다. 때로는 지나가는 사람들 머리 위로 감이 떨어져 깜짝 놀라게 하지만, 그 역시 고향의 향수를 불러일으킨다.

몇 시간을 감 따기에 집중하다 보니, 어느새 커다란 쇼핑백 두 개가 가득 찼다. 그때 지나가던 할머니 두 분이 구경하다가 "홍시가 맛있겠네"라고 하셨다. 나는 홍시로 익은 감을 따로 모아둔 봉투를 즉시 건네드렸다. 할머니는 마치 횡재라도 한 듯 고마워하며 연신 인사를 하셨다.

문득 어릴 적 홍시를 무척 좋아하셨던 외할머니가 떠올랐다. 가을이 되면 어머니는 시장에서 커다란 홍시를 사다가 외할머니께 드리곤 하셨다. 평소 이가 불편해 음식을 먹기 힘들어하셨던 외할머니는 다른 과일보다 홍시를 즐겨 드셨다. 친정어머니도 외할머니를 닮아 홍시를 좋아하셨고, 나 역시 예외는 아니다. 이것이 내력인지, 하나뿐인 딸도 모두 홍시를 좋아한다. 특히 크고 긴 홍시를 선호하는데, 아버지가 심어놓은 감나무에서 나는 감이 바로 그랬다.

우리는 나무 끝에 달린 삼십여 개의 감을 까치들을 위해 남겨두고 감 따기를 마무리했다. K에게도 일부 나누어주고, 나머지는 가져와 이웃들과 딸에게 나눠주었다. 딸도 옆집에 감을 나누어 주었다.

주위 사람들에게 고루 나누어주고 보니, 내게는 20여 개의 감이 남았다. 아직 홍시가 되지 않은 단감과 비슷한 상태였다. 나는 감들을 작은 상자에 정리해 통풍이 잘되는 곳에 두었다. 같은 나무에서 자란 감일지라도 홍시가 되는 속도는 모두 달랐다. 마치 아기가 태어나 성장 속도가 각각 다른 것처럼, 홍시도 비슷한 듯했다. 특히 하루에 꼭 두 개씩만 홍시가 되는 것이 더욱 신기하게 느껴졌다. 입맛 없는 아침에 식사 대용으로 먹기에 딱 좋았다.

감 따기를 통해 자연의 아름다움과 나눔의 기쁨을 함께할 수 있어, 나는 '오늘 하루'에 감사한다.

비둘기 손님

오늘도 사무실 유리창 밖에는 비둘기들이 옹기종기 모여 있다. 처음에는 정찰대 역할을 하는 몇 마리가 도착하고, 그 뒤를 이어 서너 마리가 합류하며, 결국 맞은편 높은 빌딩 위에 있던 비둘기들까지 날아든다. 마치 제집 뜰이라도 되는 듯 자연스럽게 내 사무실 창밖 테라스 위를 오가며 무언가를 열심히 찾는다. 가끔 나와 눈이 마주치면 얼른 창가로 올라와 내 사무실 안쪽을 유심히 들여다보기까지 한다. 이들이 이런 행동을 하는 데는 이유가 있다.

　얼마 전, 일찍 귀가해 저녁을 준비하려고 쌀통을 여는 순간 쌀벌레 몇 마리가 눈에 띄었다. 깜짝 놀라 자세히 살펴보니, 작고 까만 바구미가 하얀 쌀 속에서 꿈틀거리고 있었다. 바쁘다는 이유로 외식을 자주 하느라 전혀 눈치채지 못했던 것이 화근이었다. 유명 온라인 쇼핑몰에서 구입한 지 얼마 되지 않아 전혀 예상치 못한 일이었다.

　많이 남은 쌀을 버릴 수도 없고, 그냥 먹자니 마음이 찜찜했다. 고민 끝에 쌀을 평소보다 더 잘 씻어서 먹기로 하고, 대신 인터넷에서 쌀벌레 퇴치법을 알아보았다.

　쌀벌레를 없애는 방법은 다양했지만, 그중 가장 간단한 방법은 매운 마른 고추나 검은 숯을 쌀통 안에 넣어두는 것이었다. 즉시 집안 구석에 있던 숯을 꺼내 깨끗이 씻어 말린

뒤, 양파망에 묶어 쌀통 안에 넣었다. 며칠 후, 벌레가 죽어 있는 것을 확인했다. 그러나 미물일수록 번식력이 더 강한 법인지, 새로운 벌레들이 생겨나기 시작했다. 이번에는 매운맛이 강한 마른 고추를 망에 담아 추가로 쌀통 안에 넣고, 결정타를 날린 기분으로 쾌재를 불렀다. 하지만 그것도 오산이었다. 기존 벌레들은 죽었지만, 더 많은 새끼가 나와 오히려 늘어났다.

문득 봄에 홈쇼핑에서 사서 아직 개봉하지도 않은 채 베란다 구석에 놓아둔 혼합 곡식이 떠올랐다. 아니나 다를까, 그 봉지 속에도 애벌레가 득실거리고 있었다. 두 봉지를 사서 한 봉지는 딸에게 보냈는데, 급히 전화해 보니 딸 역시 벌레가 생겨 먹지 못하고 모두 버렸다고 한다. 나 역시 먹을 엄두가 나지 않았다. 옛 어른들은 쌀 한 톨을 금쪽처럼 여겼는데, 이렇게 많은 곡식을 다 버리려니 큰 죄를 짓는 것 같아 선뜻 내키지 않았다. 땀 흘려 농사지으신 분들께 미안하기도 하고, 여전히 한 끼 식량이 없어 굶어 죽는 지구촌의 어려운 사람들을 생각하니 차마 버릴 수가 없었다.

그때 내 사무실 창밖에 가끔 놀러 오는 비둘기들이 떠올랐다. 그냥 버리는 것보다 그들에게 먹이로 주면 좋을 것 같았다. 다음 날 아침, 벌레가 생긴 쌀을 봉투에 담아 사무실로 가져갔다. 창밖에는 마침 비둘기 서너 마리가 구구거리며 무언가를 열심히 찾고 있었다. 아마 먹이를 찾는 것 같았다. 쌀벌레가 있는 쌀을 창밖에 흩뿌리자, 모두 우르르 몰려오더니 바닥에 떨어진 쌀알을 열심히 주워 먹었다. 여기저기 흩뿌려진 쌀알이 순식간에 사라졌다. 그 모습을 멀리서 지켜보던 다른 비둘기들까지 날아와서 서성였다.

그 이후로 비둘기 손님은 매일 아침부터 온종일 교대로 찾아왔다. 처음에는 서너 마리였던 것이 나중에는 열두 마리까지 늘어났다. 그러나 몇 가지 문제가 발생했다. 먹이 때문에 비둘기들이 자주 오다 보니 깨끗했던 테라스가 비둘기 똥과 깃털 조각으로 지저분해졌다. 심지어 흩뿌려진 쌀 속에 살아있던 까만 바구미 벌레들이 사무실 창문을 통해 기어들어와 여기저기 돌아다니고 있었다. 고민 끝에 비둘기에게 먹이를 주는 것을 중단하고, 남아있는 쌀을 근처 산 밑 풀숲에 고루 뿌려주었다. 개미나 산새들이 먹을 것 같았기 때문이다.

그러나 다음 날부터 비둘기들은 먹이를 주지 않자 창가로 몰려들어 먹이 달라고 데모라도 하는 듯, 열린 창틈으로 사무실에까지 들어와 작은 소동을 벌이기도 했다. 그 좋은 먹이를 맛보게 해 놓고 끊은 것이 미안했다. 어느 날 한 직원이 비둘기들이 불쌍하다며 집에서 멀쩡한 쌀을 병에 담아왔다. 하지만 사람이나 동물이나 자립할 능력을 잃으면 보호자의 선심만 바라게 된다. 우리는 비둘기 손님들에게 먹이 주는 일을 중단하기로 했다. 누군가가 삶을 대신해줄 수는 없기 때문이다.

스마트 시대

여름 휴가철을 앞두고 딸에게서 전화가 왔다. 시동생이 결혼하기 전, 시부모님과 함께 가족여행을 가기로 했는데, 반려견을 데려갈 수 없어 이틀만 돌봐달라는 부탁이었다. 결혼 후 4년 동안 딸네 집이 비었을 때 내가 간 것은 이번이 세 번째인데, 갈 때마다 새로운 환경에 적응하느라 어리둥절하곤 했다.

2년 전, 첫 손녀가 태어난 지 얼마 지나지 않아 딸이 병원 진료를 받으러 가야 한다며 오전만 손녀를 돌봐달라고 부탁했다. 바쁜 일정을 잠시 미루고 딸네 집으로 갔다. 당시 손녀는 생후 1개월 정도라 먹고 자는 것이 일과였다. 잠시 후, 손녀가 깨서 배가 고픈 듯 입맛을 다시는 모습을 보였다. 딸이 자동 급유기를 누르기만 하면 적당량의 분유가 나오니, 아이가 깨거든 먹이기만 하면 된다고 했던 것이 기억났다.

서둘러 급유기를 눌렀다. 그런데 아무리 눌러도 분유가 나오지 않았다. 당황한 사이, 배고픈 손녀는 울음을 터뜨렸고, 마음이 급해질수록 손녀의 울음소리는 점점 커져갔다. 차라리 분유를 통째로 놔뒀으면 따뜻한 물에 타기만 하면 될 일을, 괜히 기계에 의존해 사서 고생을 하고 있나 싶었다. 결국, 사위에게 급히 전화를 걸어 물어보니, 급유기가 막힌 것 같다며 해결 방법을 알려주었다.

분유 자동 급유기는 60ml, 80ml, 120ml 중 선택버튼만 누르면 미지근한 분유가 통에 자동으로 채워지는 방식이었다. 겨우겨우 아기에게 분유를 먹이며 생각했다. 요즘은 분유를 타는 게 뭐가 어렵다고 저런 요란스러운 기계까지 사는지 이해할 수 없었다. 내가 딸을 키울 때는 한밤중에 분유를 미리 타서 냉장고에 넣었다가, 새벽에는 졸린 눈으로 따뜻한 물에 중탕해 먹이던 기억이 난다.

 그 후로도 딸의 집에는 새로운 아기용품이 계속 늘어갔다. 어느 날, 딸네 집에 갔을 때 사위가 화장실에서 아기 목욕을 시키고 있었다. 들여다보니, 미니 샤워대에 아기를 세워놓고, 머리에는 투명 모자를 씌운 채 샤워기로 몸을 씻기고 있었다. 어린 손녀는 익숙한 듯 가만히 있었고, 그 모습이 귀엽고 신기해 혼자 웃었다. '장사꾼들이 별걸 다 만들어 파는구나!' 싶었다.

 내가 딸을 키울 때는 욕조에 따뜻한 물을 받아놓고 시부모님과 함께 조심스럽게 씻겼는데, '신세대는 목욕 방식도 다르구나'라고 생각했다.

 지난봄, 딸이 주말을 틈타 여수에 있는 친구 집에 1박 2일로 다녀온다며 반려견을 부탁했다. 동물을 좋아하는 터라 흔쾌히 수락하고 딸네 아파트로 갔다. 그 아파트는 지하 주차장 출입문부터 여는 것이 복잡했다. 비밀번호를 하나씩 누르며 건물 안으로는 들어왔지만, 현관문을 여는 것이 문제였다. 딸이 알려준 비밀번호만 누르면 될 줄 알았는데, 자동 키의 숫자판이 마음대로 불만 번쩍여 번호를 누를 수가 없었다. 딸 주려고 가져온 먹을거리는 잔뜩 들고, 안에서는 반려견이 짖어댔고, 진땀이 났다.

결국 딸에게 전화를 걸었고, 딸은 엄마가 못 열 것 같아 비상용 키를 따로 보관해 두었다며 찾으라고 했다. 겨우 현관문을 열고 들어가 보니, 집 안이 깔끔하게 정리되어 있었다. 딸이 엄마가 온다고 대청소라도 해놓은 듯했다.

그러나 무언가를 하나 찾으려면 숨바꼭질이라도 해야 할 판이었다. 주방에 가면 있어야 할 흔한 수저 하나, 작은 칼조차도 눈에 띄지 않았다. 어디에 다 숨겨놓은 건지 알 수가 없었다. 한참을 찾아보다가, 싱크대 한복판에 작은 불빛이 반짝여서 열어보니, 그곳이 바로 살균기가 내장된 칼과 도마 수납장이었다. 수저는 가스레인지 밑에 설치된 식기세척기 속에 있었는데, 겉으로는 전혀 알 수 없었다. 평소 내가 새로운 환경에 적응을 잘한다고 생각했는데, 딸의 집에만 가면 바보가 된 듯했다.

하루가 끝나갈 무렵, 책을 읽고 있는데 갑자기 예쁜 아가

씨의 말소리가 들렸다. '지금부터 청소를 시작하겠습니다.' 라는 멘트와 함께 거실 한편에 있던 납작하고 동그란 원반 같은 것이 혼자서 온 집안을 돌아다니며 청소를 시작했다. 내가 어떤 것도 만진 적이 없는데도 혼자 움직여 깜짝 놀랐다. 그때 여수에 간 딸에게서 전화가 왔다.

"엄마! 동글이가 청소하고 있죠? 물걸레질도 혼자 알아서 하니 편히 계세요."

"네가 거기서 동글이가 청소하는 걸 어떻게 아느냐"고 물으니, 딸은 핸드폰 스마트 앱으로 명령을 내렸다고 했다. 정말 동글이는 혼자서 온 집안을 돌아다니며 청소하고 물걸레질까지 끝낸 후 원래 있던 자리로 들어갔다. 신기해서 당장 나도 하나 사고 싶다는 생각이 들었다.

그제야 딸의 집안이 항상 깨끗했던 이유를 알았다. 나는 그것도 모르고 딸이 힘들까 봐 가사 도우미를 부르라고 했지만, 딸은 스마트 도우미를 사용한 것이었다.

마침 지인에게 전화가 와서 지금 겪고 있는 일들을 이야기하자, 그는 크게 웃으며 "시골 쥐가 서울 쥐 집에 놀러 간 것 같네"라고 놀렸다.

딸은 손녀가 갓 돌이 지나자마자 집안의 가장 끝에 있는 큰 방에 혼자 재운다. 엄마, 아빠 방과는 가장 멀리 떨어진

방이라 늘 걱정이 되어 살펴보라고 당부하지만, 딸은 '핸드폰 앱'으로 지켜보니 걱정하지 말라고 한다. 그 덕에 손녀는 오후 7시 30분이면 잠들고, 아침 7시에 12시간을 푹 자고 일어난다는 것이다.

스마트 도우미는 좋지만, 너무 어린 아기를 혼자 재우는 것은 여간 불안한 일이 아니다. 아이들은 어릴수록 부모와 함께 지내며 정서적으로 건강하게 자라야 한다는 것이 이 구세대 엄마의 신념이다.

이러다가 아기 출산도 기계가 하는 시대가 오지 않을까 걱정이다.

첫인상

첫인상은 얼굴을 본 지 4초 만에 결정되고, 그 사람과의 관계를 유지할지 판단하는 데는 4분이 걸린다고 한다. 또한, 첫인상이 나쁠 경우 이를 회복하는 데는 무려 40시간이 필요하다고 하니, 첫인상이 얼마나 중요한지 알 수 있다.

이 사실을 알기에 우리는 특히 처음 만나는 사람 앞에서는 외모에 더욱 신경을 쓰게 된다. 꾸미는 걸 가식적이라고 생각해 평소의 옷차림을 고집하는 사람도 있지만, 그것이 항상 현명한 선택은 아닐 것이다.

한 TV 프로그램에서 사람의 첫인상과 편견에 관한 실험을 진행한 적이 있다. 동일한 사람을 명동의 한 가게 쇼윈도에 세우고, 지나가는 사람들의 반응을 관찰했다. 처음에는 청바지와 티셔츠를 입고, 평소 즐겨 하는 소박한 헤어스타일을 유지한 채 서 있었다. 지나가는 여성 열 명에게 그의 직업과 수입을 물었을 때, 대부분은 작은 빵집 주인이나 노동자라고 생각했고, 연봉은 낮으며 이성으로서의 호감도는 10점 만점에 2~3점 정도라고 평가했다.

그 후, 같은 사람에게 헤어스타일을 다듬고 멋진 양복을 입힌 후 다시 같은 장소에 세워 똑같은 질문을 던졌을 때, 반응은 완전히 달라졌다. 직업은 변호사나 회계사, 연봉은 억대 이상, 호감도는 10점 만점에 가깝게 평가되었다. 같은 사람이지만 외모와 옷차림에 따라 사람들의 반응이 극명하게 달라진 것이다. 사실 그 사람은 영화감독이었고, 그는 자신의 옷차림에 따라 달라지는 사람들의 반응에 크게 놀랐다. 이 실험은 외모의 중요성을 잘 보여주는 사례라고 할 수 있다.

이처럼 좋은 인상은 사회생활에 매우 긍정적인 영향을 준다. 특히 첫인상은 일의 성과에도 큰 영향을 미칠 수 있다. 좋은 인상은 사람들에게 호감을 주어 긍정적인 반응을 이끌어내고, 이는 결과적으로 일의 성공으로 이어질 수 있기 때문이다.

외국의 한 심리마케팅학 교수는 사람들이 외모가 뛰어난 사람을 보면 능력 있고 친절하며 정직하고 영리할 것이라고 생각하는 경향이 있다고 한다. 심지어 범죄를 저질러도 인상이 좋다면 법정에서 가벼운 형을 받을 수 있지만, 인상이 좋지 않으면 더 무거운 형을 받을 수 있다고 한다.

학자들은 성공을 위한 전략 중 하나로 밝은 표정과 웃음, 그리고 깔끔한 옷차림을 강조한다. 나쁜 첫인상도 본인의 노력 여하에 따라 얼마든지 좋은 이미지로 바꿀 수 있지만, 한 번 잘못 인식된 인상을 회복하는 데는 많은 시간과 노력이 필요하다. 그래서 첫인상이 중요한 이유가 여기에 있다.

상대방의 얼굴을 보면 우리는 그 사람의 삶을 어느 정도 짐작할 수 있다. 얼굴은 그 사람의 마음가짐, 직업, 그리고 어떤 사람들을 만나느냐에 따라 달라지며, 얼굴의 주인이 어떻게 노력하느냐에 따라 변화할 수 있기 때문이다.

세상에서 가장 순수하고 예쁜 모습은 아기의 웃는 얼굴일 것이다. 욕심도, 근심도 없는 밝은 아기의 모습은 보는 이들의 마음을 평화롭게 만든다. 그래서 동심을 간직한 사람은 어른이 되어도 동안으로 보이는 것이다.

어린 아기조차도 인상이 좋은 사람을 보면 환하게 웃으며 좋아하고, 인상이 나쁜 사람을 보면 금방 울음을 터뜨린다. 아기처럼 밝게 웃는 모습은 주변 사람들에게 긍정적인 에너지를 전달한다. "소문만복래笑門萬福來"라는 말처럼, 웃음이 가득한 집에는 만복이 들어온다고 한다.

비록 빼어난 외모를 타고나지 않았더라도, 건강한 마음과 밝은 표정으로 자주 웃으며 좋은 인상을 준다면, 복도 따라올 것이다. "이왕이면 다홍치마"라는 속담도 있듯이, 좋은 인상과 긍정적인 외모가 사람들 사이에서 큰 장점이 될 수 있다.

금배지

우리는 살아가면서 종종 물건을 잃어버리곤 한다. 특히 그 물건이 중요한 것일 때는 더욱 속상하게 느껴진다. 때로는 자신이 잃어버린 것을 다른 사람의 탓으로 돌리거나, 자신도 모르게 의심하기도 한다. 나 역시 예외는 아니다.

얼마 전, 내가 근무하는 IT 회사에서 금배지를 선물로 받았다. 몇몇 공로자들에게 주기 위해 특별히 제작된 것이었다. 일반적인 배지처럼 핀으로 옷에 고정하는 것이 아니라, 작은 자석을 이용해 옷에 붙이는 방식이었다. 처음에는 옷에 핀 자국이 나지 않아 좋다고 생각했지만, 잠시 후 누군가 실수로 건드리면 쉽게 떨어질 것 같아 불안했다. 특히 요즘 금값이 많이 올라서, 잃어버리면 아깝겠다는 생각에 사무실에서만 달기로 하고, 밍크 조끼에 붙여두었다.

어느 날, 외부 미팅이 있어 잠시 자리를 비웠다가 돌아왔는데, 조끼에 붙어 있어야 할 금배지가 사라진 것을 발견했다. 자석의 자성이 강해 쉽게 떨어지지 않을 텐데 이상했다. 아무리 주변을 살펴봐도 작은 배지는 보이지 않았다.

순간 이상한 생각이 들었다. 내 사무실에 들어올 사람은 거의 없었기 때문이다. 조끼를 입고 나갔으면 누군가와 스쳐서 떨어졌을 수도 있겠지만, 홀로 걸어둔 옷걸이에서 떨어졌다는 것은 이해가 되지 않았다. 그러다 문득 누군가 예뻐서 가져간 것이 아닐까 하는 생각이 스쳤다. 받은 지 며칠 되지 않았는데 잃어버리면 준 사람에게도 미안할 것 같았다. 함께 있던 A에게 이 사실을 이야기했더니, 아무도 사무실에 들어온 사람이 없다며 의아해했다.

우리는 함께 사무실 바닥을 이리저리 찾아보았다. 결국 사물함 밑으로 굴러간 것이 아닐까 하는 생각이 들었다. 문득 긴 쇠막대가 있으면 작은 자석이 붙을 수도 있지 않을까 하는 생각이 들어 사무실 한편에 있던 긴 쇠막대를 찾아 휘저어 보았다. 그 모습을 본 A는 크게 웃으며, 금은 자석에 붙지 않는다고 했다. 생각해보니 금이 자석이 아닌 것은 당연했다. 그저 작은 자석을 이용해 핀 대신 부착하도록 만든 것이었다.

잠시 후, A가 사물함 밑에서 작은 금배지를 발견했다. 하지만 배지 뒤에 붙어있던 작은 자석은 도저히 찾을 수 없었다. 그래도 금배지를 찾은 것만으로도 다행이라고 생각했다. 잠시 남을 의심했던 나 자신이 부끄러워졌다.

며칠 후, 손님이 와서 함께 점심을 먹으러 근처 식당에 갔다. 주문한 음식을 기다리던 중, 갑자기 식탁 위에 있던 숟가락이 내 어깨를 잡아끄는 느낌이 들었다. 무엇인가 강한 힘이 느껴져 의아하게 생각하며 살펴보니, 숟가락이 내 핸드백 줄에 붙어 있었다. 놀라 살펴보니, 잃어버린 작은 자석이 핸드백의 링에 붙어 숟가락을 끌어당긴 것이었다.

알고 보니, 옷걸이에 가방과 조끼를 함께 걸어둔 것이 문제였다. 작은 자석이 가방의 쇠 링에 붙으면서 금배지를 떨어뜨렸던 것이다. 그 순간 함께 있던 사람들과 크게 웃었다. 며칠 동안 내 핸드백에 붙어있던 자석을 모른 채 남을 의심하고 찾느라 작은 소동을 벌였던 것이 미안하고 부끄러웠다.

'등잔 밑이 어둡다'라는 속담이 떠올랐다

AI 자동차

최근 러시아의 우크라이나 침공으로 전 세계가 경제 위기를 겪고 있다. 미국은 사상 최고 수준으로 금리를 인상했지만, 물가는 여전히 치솟고 있다. 현대인들에게 필수품인 자동차 연료비도 급등했다. 매일 생계를 꾸려야 하는 서민들에게는 견디기 힘든 고통이다.

새 자동차를 사려던 나는 잠시 망설일 수밖에 없었다. 어떤 차를 선택해야 좋을지 고민이 되었다. 연료비가 계속 오르니 친환경 차를 고려해야겠지만, 어떤 차가 더 나은지 잘 알 수 없었다.

며칠 동안 인터넷을 검색한 끝에, 전기차보다는 한 기업의 준중형 하이브리드 SUV를 선택하기로 했다. 하이브리드 차량은 전기를 자동으로 충전하여 휘발유와 복합적으로 사용하기 때문에 연료비가 비교적 저렴하다. 이 점이 마음에 들었다.

차량을 인도받기로 한 날, 탁송 기사로부터 전화를 받았다. 그는 큰 트레일러로 차를 운반하기 때문에 도로까지 직접 가서 차량을 가져가야 한다고 했다. 내키지 않았지만, 어쩔 수 없이 길에서 몇 가지 간단한 조작법만 배우고 차를 가져왔는데, 하이브리드 차는 처음이라 모든 기능이 낯설기만 했다.

다음 날, 영업직원이 와서 주요 기능들을 하나하나 설명해 주었다. 그 중 가장 마음에 든 것은 스마트 주차 기능이다. 좁은 주차구역에서 운전자가 차에 탑승하지 않고도 스마트 키만으로 차를 이동시킬 수 있다. 평소 주차 문제로 스트레스를 받던 내게는 매우 반가운 기능이었다. 게다가 이동 중에 장애물이 있으면 자동으로 정차하기도 한다. 비가 오는 날에는 빗방울의 속도에 따라 와이퍼가 자동으로 작동하며, 주행 중 차선 변경 시 옆 차선에서 달려오는 차량이 있으면 소리로 알려준다.

한 번은 신호 대기 중에 잠시 딴 생각을 하며 출발하지 않았더니, 계기판에 '앞차가 출발했습니다.'라는 메시지가 떴다. 나도 모르게 웃음이 나왔다.

차량에 가까이 가면 문이 자동으로 열리고, 운전석에 앉으면 모든 것을 AI가 척척 처리해주는 느낌이다. 핸드폰을 충전기에 놓고 내리려 하면, "핸드폰이 아직 충전 대에 있습니다." 하고 챙겨준다.

또한, 반자율주행 기능이 있어 고속도로에서는 앞차와의 간격을 자동으로 조절해주고, 잠시 주행선에서 이탈되면 핸들을 움직여서라도 제자리를 잡아준다. 충직한 비서가 따로 없다.

전쟁과 고물가로 어려움을 겪는 다른 사람들을 보면서, AI 덕분에 이런 호사를 누리니 주변의 시선이 두렵기도 하다. 몇 년 뒤에는 하늘을 나는 자동차도 나온다고 하니, 상상만 해도 흥미로운 세상이 기대된다.

고궁 나들이

해마다 가을이 오면 기다려지는 날이 있다. 바로 "더도 말고 덜도 말고 한가위만 같아라"라는 우리나라 최대의 명절, 추석이다. 코로나19로 가족과 제대로 만나지 못했던 이들이 많았지만, 올해는 방역 정책이 완화되면서 많은 이들이 명절을 제대로 즐길 수 있었다.

이번 추석 연휴에는 새로 산 생활한복을 입고 친구와 함께 고궁 나들이를 떠났다. 제일 먼저 찾은 곳은 경복궁이었다. 그곳에서는 한복을 입은 외국인들도 여러 명 눈에 띄었다. 평소에는 입장료를 사기 위해 줄을 서야 했지만, 이번에는 입장권을 받는 사람이 없어 의아한 생각이 들었다. 오랜만에 와서 그런지 입구의 풍경이 많이 달라진 것 같았다.

주변을 둘러보며 사람들을 따라 들어가려는 순간, 입구에 붙어 있는 '입장료 무료'라는 안내문을 보고 오늘이 추석 연휴라 특별히 면제된 것을 알았다. 순간, 두 사람의 입장료를 아낀 기분이 들어 다소 횡재한 듯한 기분이 들었다.

먼저 국립고궁박물관을 관람하기로 했다. 그곳에는 우리 조상의 손길이 담긴 왕실의 생활용품들이 시대를 대변하고 있었다. 전시된 물건들에서 옛 선조들의 애환과 숨결을 느낄 수 있었다.

안내 책자 없이 관람하던 중, '나라 밖 문화재의 여정'이라는 색다른 제목의 전시실이 눈에 들어왔다. 한국 고궁 안에 나라 밖 문화재가 있다는 것이 뜻밖이라 들어가 보니, 외국의 것은 하나도 없고 모두 우리나라 유물들이었다. 과거 일본이나 중국 등 외세의 침략으로 약탈당하거나 도둑맞아 해외로 나가 경매시장에 나왔던 유물들이 우리나라의 애국 인사나 문화재청에 의해 고가로 사들여온 것들이었다. 조상의 유물 하나 지켜내지 못한 역사와 주인 잃고 해외를 떠돌다 경매시장에 내걸린 유물들의 애처로운 사연이 가슴 아팠다.

 박물관 관람을 마친 후, 경복궁의 상징인 근정전을 돌아보았다. 입구에 발을 딛는 순간, 눈앞에 펼쳐진 풍경에 깜짝 놀랐다. 몇 년 전까지만 해도 건물과 주변이 잘 가꾸어져 있었는데, 코로나19 위기로 많은 사람들이 찾지 않아 건물이 많이 낡아 있고, 특히 바닥에 넓게 깔린 돌들이 울퉁불퉁 어긋나 있어 마음이 편치 않았다. 한때 임금님이 천하를 호령하던 곳이었건만, 왕이 앉았던 용상조차 초라해 보였다.

 근정전은 태조 4년에 정도전이 《서경》의 한 구절을 인용하며 "왕은 부지런해야 한다"는 뜻으로 붙인 이름으로, 신하들이 임금에게 새해 인사를 드리거나 국가 의식을 거행하고 외국 사신을 맞이하던 곳이라고 한다. 조선 임금 중 근정전에서 즉위한 마지막 왕은 선조였으며, 임진왜란 중 경복궁이 불타버린 후 고종 때 중건되었다고 한다. 당시 왕의 근엄한 모습과 그 대신들은 사라지고, 세파에 휘둘린 건물의 모습이 고단해 보였다.

 다음으로는 여고 시절 즐겨 찾던 경회루와 향원정을 돌아보았다. 그림 그리기를 좋아해 친구들과 주말마다 이젤을 들고 찾던 추억이 아련히 떠올랐다. 경회루는 조선 후기의 연회장이었고, 향원정은 왕실 가족의 휴식처였다. 오랜 세월의 풍파 속에서도 여전히 그 자태는 수면 위에 떠 있는 한 폭의 수채화 같았지만, 쓸쓸한 느낌이 드는 것은 어쩔 수 없었다. 어디선가 옛 친구들의 재잘거림과 왕실 사람들의 웃음소리가 들리는 듯했다.

 이번 추석에는 모처럼 경복궁을 돌아보며, 세월의 흐름을 거스르기 어려운 것과 나 또한 그 도도한 세월의 물결에 속절없이 떠내려갈 수밖에 없다는 것을 새삼 느꼈다.

꿈

인간은 살아 있는 동안 삼분의 일을 잠을 자며 보낸다고 한다. 생명을 유지하려면 활동이 필요하고, 그에 따라 피로가 쌓이기 마련이다. 이 피로를 풀어야 다음 날도 활력 있는 삶을 이어갈 수 있다. 하지만 우리의 뇌는 잠을 자는 동안에도 쉬지 않고 여러 가지 활동을 한다. 꿈을 꾸는 것도 그중 하나다.

학자들에 따르면, 잠자는 동안 누구나 다섯 번 정도 꿈을 꾼다고 한다. 그러나 대부분의 사람들은 자신이 꿈을 꿨는지조차 잘 기억하지 못한다. 가끔 꿈을 기억하기도 하는데, 기이한 꿈은 깊은 수면 상태인 REM(급속안구운동) 수면 중에 꾸고, 얕은 수면 상태인 비REM 수면에서는 일상적인 꿈을 꾼다고 한다.

나는 아직도 거의 매일 꿈을 꾸는데, 그중 많은 꿈이 생생하게 기억된다. 며칠 전 이른 새벽, 뜻밖에도 17년 전에 돌아가신 시아버지를 꿈속에서 만났다. 나는 꿈을 자주 꾸는 편이라 가까운 분이 돌아가신 후 한 번쯤은 꿈에서 뵙곤 했지만, 이상하게도 시아버지는 한 번도 꿈속에서 뵌 적이 없었다. 그날은 갑자기 시아버지가 나타나셨다.

꿈속에서 시아버지는 살아 생전의 모습과 똑같으셨다. 어느 넓은 거실의 낯선 장소에서 내가 주방이 어디인지 몰라

두리번거리자, 시아버지는 "여기다" 하고 큰 전기밥솥을 가리키며 먼저 드셨으니 너희들이 먹으라고 하셨다. 솥뚜껑을 열어보니 삼십여 명분이 넘는 밥이 가득 담겨 있었다. 밥을 고르게 저으며 시어머니가 왜 밥을 이렇게 많이 했을까 걱정이 되었다. 맛없는 밥을 며칠 동안 먹어야 할 것 같아 걱정하던 순간 꿈에서 깨어났다. 시간이 아직 동트기 전 새벽이었고, 창밖에는 여름 장마비가 세차게 내리고 있었다.

꿈에 대해 잠시 생각해보았다. 이 꿈이 무엇을 의미할까? 왜 시아버지가 꿈속에 갑자기 나타나셨을까? 이런저런 생각으로 한참 잠을 이루지 못 하다가 다시 잠이 들어 두 번째 꿈을 꿨다.

꿈속에서 몇몇 지인들과 작은 옷가게 앞 벤치에 앉아 이야기꽃을 피우고 있었다. 얼마 후 지인들이 하나둘 떠나고 나도 자리에서 일어나려다가 내 휴대폰이 없어진 것을 알았다. 주변을 아무리 살펴봐도 찾을 수 없었다. 중요한 정보가 담긴 휴대폰이 없어진 것은 큰일이었다. 가게 주인에게 물어봤지만 단호하게 없다고 했다. 휴대폰을 찾기 전에는 돌아갈 수가 없어 주변을 다시 살펴보다가 빨간색 휴대폰 케이스가 바닥에 떨어져 있는 것을 발견했다. 가까이 가 보니 휴대폰은 누군가 가져가고 케이스만 버린 것이었다. 내가 분실한 것이 아니라 누군가 고의로 가져간 것 같았다. 그 옆에는 초등학교 로고가 박힌 체육복이 놓여 있었는데, 옷에 새겨진 이름으로 근처에서 놀고 있는 초등학교 여학생에게 'OO'이를 아느냐고 물었다. 그 아이가 친구라고 해서 체육복을 떨어뜨리고 간 것이라며 전화 좀 걸어달라고 하자, 즉시 전화로 연락을 주었다. 여학생의 목소리가 들리자 물었다.

"네가 체육복을 길에 떨어뜨리고 간 것이라 연락했는데, 혹시 내 휴대폰도 가지고 있니?"

아이가 깜짝 놀라며 변명도 없이 본인이 가지고 있다고 실토했다. 꿈에서 깨어나는 순간, 참으로 희한한 일이었다. 새벽에 연달아 꾼 두 꿈이 생생한 것이 신기했다. 서로 연관성도 없는 꿈을 왜 연달아 꾼 것인지 궁금했다.

이틀 뒤, 사업상 중요한 일로 부산 출장을 가게 되었다. 글로벌 IT 기업의 교육과 홍보를 맡고 있는 대표로서 새로운 플랫폼을 소개해 달라는 요청을 받았다. 아침 일찍 KTX를 타고 부산역 근처 사무실에 도착하니 이십여 명이 기다리고 있었다. 그들에게 새로운 아이템을 소개하자 매우 진지하게 받아들여져 일이 만족스럽게 끝났다.

일을 끝내고 서울로 올라오는 KTX 열차 안에서 문득 며칠 전에 꾼 꿈이 떠올랐다. 호기심에 인터넷에서 꿈 해몽을 찾아보니, 첫 번째 꿈에서 돌아가신 시아버지를 만난 것은 사업에 좋은 일이 생길 징조였고, 가득 찬 밥통의 꿈은 재물을 의미한다고 했다. 두 번째로 핸드폰을 잃어버린 꿈은 소통의 문제가 생길 수 있으나 다시 찾는 것은 문제를 잘 해결하게 된다는 암시였다. 그래서인지 최근 사업 파트너들과의 불편함이 부산 출장으로 모두 해결되었고, 많은 소득도 얻었다.

어제는 부산에서 예전에 잘 알던 사업 파트너로부터 갑자기 전화가 왔다. 우연히 만난 사람이 좋은 사업이 있다고 해서 찾아가 보니 내가 얼마 전 갔던 사무실이었다. 대표도 나라고 해서 반갑다고 하며 적극적으로 사업을 해보겠다고 했다. 주말인 오늘도 그로부터 전화가 와서 다음 주에는 새로운 사업을 알아보러 서울로 올라와 1박 2일 동안 사업 내용을 배워가겠다는 것이다. 이 모든 것이 내 꿈이 새로운 사업의 좋은 징후를 알려주는 신의 계시였던가 싶다.

하지만, "세상은 꿈꾸는 자의 것"이란 말이 있듯이, 맨 정신으로 꿈꾸는 원대한 인생 설계야말로 진정한 꿈이 아닐까 한다.

내 인생의 수채화

인생은 한 폭의 수채화 같다. 아기 때는 아무것도 없는 백지에 물감 한 방울이 떨어지면 아무런 형체도 없이 퍼져 나가는 모습과 닮았다.

어린 시절은 마치 옅은 색의 물감이 물 위에 살며시 번지듯, 순수하고 투명하게 세상을 향해 퍼져 나갔다. 크고 선명한 형태는 아니었지만, 흩어지는 물감 속에서 무한한 가능성이 열린다. 나의 유년 시절 또한 흐린 연둣빛 수채화처럼 아직 미래가 선명하지 않았기에 밑그림을 흐릿하게 그려 놓고 그 위에 옅은 색으로 차근차근 채워갔다.

유아기 시절은 기억에 남는 일이 거의 없다. 다만 몇 가지 사건들만이 희미하게 떠오른다. 사진도 흔한 돌사진 한 장 없이 세 살 때 찍은 사진이 전부다. 그마저도 엄마 곁에서 잠시라도 떨어질까 울먹이며 찍힌 사진이다. 기억 속에서 특히 선명한 일은 네 살 때 두 살 된 남동생을 업겠다고 고집을 부리다가 계단에서 넘어져 이마를 다친 일이다. 그날의 흉터는 아직도 내 이마에 남아있다.

초등학교 시절에는 TV도 없던 시대였지만, 친구들과 하루 종일 심심할 틈이 없었다. 학교를 오가는 길은 도시임에도 불구하고 세 시간이 넘게 걸렸다. 학교를 마치고 귀가하던 중, 산 밑에서 뽑기 장사나 달고나 장사를 발견하면 친구들과 사 먹고 구경하기 바빴다. 또는 가위바위보로 술래를 정해, 진 사람이 다른 친구의 가방을 들어주는 놀이를 즐기기도 했다.

주말에는 개울가에서 수영하고, 풀밭에서 꽃반지와 풀피리를 만들며 온종일 친구들과 놀았다. 저녁나절 어머니의 저녁 식사 부름이 있어야 비로소 집으로 돌아가곤 했다.

청소년기에는 유년기보다 더 짙어진 색들이 내 인생에 스며들었다. 물감이 번지고 퍼지던 흐름 속에서 점차 경계가 형성되었고, 내 안의 갈등과 고민, 꿈과 열망이 뚜렷해졌다. 색이 서로 겹치고 예상치 못한 방향으로 번졌지만, 그 과정에서 오히려 색다른 아름다움이 피어나기도 했다.

이 시기에는 밤새 책을 읽고 글을 쓰며 나 자신을 찾아갔다. 그림그리기를 좋아해서 뜻이 맞는 친구들과 주말마다 이젤과 물감을 들고 고궁을 찾기도 했다. 종교 생활에도 몰두하면서 삶과 죽음, 천국과 지옥에 대한 진실을 탐구했고, 성가대와 기도 생활을 통해 마음속 갈등을 해소했다.

특히 대학 시절은 내 인생의 황금기였다. 대학 입시에서 해방감을 느끼고, 좋아하는 이성과 추억을 쌓으며, 단짝 친구와 함께 틈날 때마다 여행을 다녔다. 그 시간들은 내 인생의 아름다운 한 장면을 이루었다.

성인이 되면서 인생은 더욱 분명한 형태와 색을 띠게 되었다. 그러나 수채화처럼 한 번 물 들인 색은 쉽게 지워지지 않았다. 때로는 실수와 후회도 있었지만, 그 모든 것이 또 다른 색과 어우러져 새로운 조화를 이루었다. 세상에 정답은 하나가 아니라는 것도 알게 되었고, 한때 옳다고 여겼던 것이 시간이 지나면 달라질 수 있다는 것도 배웠다.

인생은 누구에게나 한 번 주어지고, 그 순간은 바람처럼 사라진다. 그러나 우리는 그 순간이 영원할 것처럼 살아간다. 언제, 어디서, 어떻게 될지 모르는 것이 때로는 인생을 더욱 소중하게 만들고, 그 덕분에 우리는 행복할 수 있다.

지금, 이 순간도 내 인생은 계속해서 그려지고 있다. 완벽하지는 않지만, 자연스럽게 어우러지는 색의 흐름처럼 내 인생은 그렇게 흘러간다. 오늘 나는 이 수채화 위에 어떤 색을 더할 것인가.

2부

푸른 날의 추억

트라우마

안녕

나눔의 행복

푸른 날의 추억

잔가지

메타버스

복여운

꿈은 이루어진다

트라우마

우리는 살아가면서 예상치 못한 일들을 겪게 되곤 한다. 만약 그 일이 좋지 않은 일이라면, 누구나 그 기억을 잊고 싶어 할 것이다. 특히 그러한 경험이 어린 시절에 일어난다면, 그것은 성인이 되어서도 평생에 걸쳐 영향을 미칠 수 있다. 우리는 이러한 경험을 흔히 '트라우마'라고 부른다.

'트라우마'는 그리스어 '트라우마트'에서 유래된 말로, '상처'를 의미한다. 정신적 상처와 외상을 포괄하는 이 용어는, 충격적인 경험과 그로 인한 기억이 개인에게 남기는 심리적 불안과 정신적 외상을 의미한다.

트라우마의 원인은 매우 다양하고, 사람마다 다르게 나타날 수 있다. 전쟁이나 자연재해, 성폭력, 강력범죄와 같은 큰 사건에서 비롯될 수도 있고, 친구 간의 갈등이나 사소한 실수, 일상 속의 부정적 경험에서 비롯될 수도 있다.

나에게도 남들에게 말하지 않은 작은 트라우마가 하나 있다. 그것은 바로 화장실에 대한 두려움이다. 과거 화장실 문이 고장 나서 갇힌 경험이 여러 번 있었기 때문이다.

어린 시절, 한 작은 건물의 화장실에 급하게 들어갔다가 나오려는 순간, 문이 갑자기 잠겨 열리지 않은 적이 있었다. 처음에는 별일이 아니라고 생각했지만, 아무리 애를 써도 문이 열리지 않자 점점 당황하게 되었다. 그날은 토요일이었고, 건물이 한적한 데다 화장실은 계단 사이에 위치해 있어, 문을 두드려도 아무도 오지 않았다. 지나가는 사람을 기다렸지만 소용이 없었다. 위를 쳐다보니 다행히 문과 천장 사이에 사람이 빠져나갈 수 있는 공간이 보였다. 다른 사람의 시선을 신경 쓸 겨를 없이, 변기를 밟고 문 위로 빠져나왔다. 그 이후로 내게는 화장실에 들어갈 때 문이 제대로 작동하는지 먼저 확인하는 습관이 생겼다. 특히 낯선 장소에서는 더욱 조심하게 되었다.

몇 해 전, 사업 파트너와 중요한 모임이 있어 다른 사람의 사무실을 방문했을 때의 일이다. 그곳은 지하에 위치한 작은 교회로, 사무실로도 사용되고 있었다. 담소를 나누다 휴식 시간에 잠시 화장실을 갔다. 그 화장실은 몇 개의 문을 지나 안쪽 깊은 곳에 있었다. 들어가면서도 왠지 불안감이 들었는데, 그 느낌은 곧 현실이 되었다. 볼일을 마치고 나오려는데, 문이 열리지 않았다. 또다시 화장실 문이 고장 난 것이다.

아뿔싸! 늘 점검하던 습관을 그날따라 소홀히 했던 탓이다. 다른 사람들이 있는 곳과 너무 멀어, 문을 두드리고 소리를 질러도 아무도 듣지 못했다. 핸드폰이라도 가지고 갔으면 연락이라도 할 수 있었겠지만, 그날은 그렇지 못했다.

결국 누군가 화장실에 올 때까지 기다릴 수밖에 없었다. 창문이라도 있으면 좋았을 텐데, 그곳은 지하라 빈틈 하나 없었다. 빠져나갈 방도가 없어 더욱 불안감이 밀려왔다.

  십 분쯤 지나자 몇몇 사람들의 소리가 가까이 들리기 시작했다. 나는 문을 크게 두드리며 고장 났음을 알렸고, 그들이 연장을 가져와 문을 뜯어낸 후에야 겨우 밖으로 나올 수 있었다. 창문도 없는 좁은 공간에 갇혀 있던 나는 또 한 번 폐쇄공포증을 느꼈다. 이 일 이후로 나는 화장실을 갈 때 언제나 핸드폰을 가지고 가는 습관이 생겼다. 집에서도 예외는 아니다.

  얼마 전, 일을 마치고 잠자리에 들기 전 마지막으로 화장실에 가려고 문을 열려 했는데, 조금 전까지만 해도 아무 문제가 없던 화장실 문이 갑자기 잠겨버린 것을 알았다. 그날따라 집에는 나 혼자였고, 시간도 자정을 넘긴 때라 누구에게 도움을 청할 수가 없었다. 급히 집안에서 화장실 열쇠를 찾아냈지만, 문이 고장 났는지 열쇠가 헛돌기만 했다. 잠시 고민하다가 날카로운 작은 칼을 문틈에 넣어 보았다. 여러 번 시도한 끝에 잠긴 문을 열 수 있었다. 나는 혹시라도 재발 방지를 위해 문이 잠기지 않도록 홈에 휴지를 넣고 투명 테이프로 단단히 고정했다.

'호랑이 굴에 들어가도 정신만 차리면 산다'는 옛말이 떠오른다. 갑작스럽게 닥친 일에도 당황하지 않고 잘 생각해 보면 해결책을 찾을 수 있다는 뜻일 것이다.

안녕

우리는 일상에서 서로에게 '안녕'이라는 말을 자주 건넨다. 어릴 때부터 무심코 내뱉던 이 말 속에는 깊은 의미가 담겨 있다. 이 표현은 남녀노소를 막론하고, 국경을 초월해 사용된다. 때와 장소, 그리고 대상에 따라 이 말은 매우 다양하게 쓰인다.

　'안녕'이라는 말의 사전적 의미는 '걱정이나 탈이 없음, 몸이 건강하고 마음이 편안함'을 나타낸다. 그 뜻만 보아도 마음이 저절로 치유되는 느낌이 든다. 부모들은 아기에게 인사법을 가르칠 때 가장 먼저 '안녕'이라는 말을 알려준다. 꼬마들이 손을 흔들며 '안녕'이라고 말할 때면, 보는 이로 하여금 미소를 짓게 한다.

　하지만 '안녕'이라는 말이 때로는 같은 단어임에도 불구하고 누군가에게는 마음을 아프게 할 수 있다. 사랑하는 사람과 헤어지거나, 더 이상 만날 수 없게 될 때 그렇다. 잠시 헤어지는 것도 힘든데, 영영 볼 수 없는 곳으로 떠나보내야 한다면 그 슬픔은 이루 말할 수 없을 것이다.

　문득 옛 어른들에게서 배운 '안녕'이라는 짧은 단어 속의 많은 의미가 떠오른다.

　아침에 일어나면 "안녕히 주무셨습니까?", 만나면 "안녕하세요?", 헤어질 때는 "안녕히 가세요.", 밤에는 "안녕히 주무세요." 이처럼 우리는 일상에서 자연스럽게 '안녕'을 주고받는다.

  옛 어른들은 왜 일상생활 속에서 모든 인간의 만남과 헤어짐에 '안녕'이라는 말을 하게 되었을까? 그것은 우리가 한 치 앞을 모르는 인간이기 때문이다. 우리는 남에게 일어나는 불행이 내게는 오지 않을 것 같은 착각 속에 살아간다. 그러나 행과 불행은 대자연의 섭리로, 우리 삶 속에서 누구에게나 공평하게 다가온다. 남의 불행도 어느 날 예기치 않게 내게 다가올 수 있는 것이다.

  최근 코로나19 사태가 지속되면서 온 세상 사람들은 바이러스 공포로 불안에 떨고 있다. 이것은 급기야 사람들의 생활 습관까지 바꿔놓았다. 평소 사람들과의 만남을 좋아했던 나도 이제는 가급적 만남을 피하고, 특히 식사 모임은 반갑지 않다. 내 주변에 건강을 챙겨야 할 사람들이 많기 때문이다.

  얼마 전, 하나뿐인 손녀가 생후 팔 개월 만에 어린이집을 다닌다고 좋아했는데, 코로나에 걸렸다는 소식을 듣고 깜짝 놀랐다. 심지어 딸까지 전염되어 함께 자가격리 중이라는 소식을 들으니 더욱 염려스러웠다. 노부모님 역시 직장에 다니는 남동생으로 인해 코로나에 걸려 재택으로 격리 중이라는 이야기를 듣고 나니, 이것이야말로 소리 없이 퍼지는 바이러스 전쟁처럼 느껴졌다.

얼마 전 TV 뉴스에서는 요즘 '오미크론' 바이러스로 인해 사망자가 너무 많아 장례식장과 화장장이 부족해 큰 혼란이 일고 있다고 보도했다. 평소 삼일장을 치르던 장례가 육일장으로 연장되는 것은 흔한 일이 되었고, 시신을 안치할 냉동고가 없어 실온에 보관하는 문제가 발생한다고 전했다.

어디 그뿐이랴! 지구촌 한쪽에서는 러시아의 '푸틴'이 일으킨 우크라이나 전쟁으로 인해 많은 이들이 목숨을 잃고 있는 참상이 벌어지고 있다. 오늘 아침 북한 소식을 전하는 뉴스에서는 북핵 문제로 인해 남북 간의 갈등이 한반도의 불안을 부추기고 있다. 그야말로 '안녕'이라는 말이 절실히 필요한 때이다.

'하루살이'는 하루밖에 못 살아 생을 마감하기 때문에 그렇게 불린다. 우리 인간은 특별한 일이 없는 한 백 년 이상 살 수 있다. 그러나 오래 사는 것보다 중요한 것은 마음과 몸이 건강하게 사는 것이다. '나 혼자 오래 사는 것이 아니라, 내가 사랑하는 사람들과 평안하게 사는 것'이야말로 가장 큰 신의 선물이다. 죽을 때 한 푼도 가져갈 수 없는 것이 인생인데, 자신의 욕심 때문에 많은 사람을 불행에 빠트리고 자신까지도 '화'를 자초하는 현실이 안타깝기만 하다.

모든 사람이 사랑의 눈으로 세상을 바라볼 수 있다면 얼마나 좋을까! 나는 오늘도 지구촌 모든 사람과 내 주변 사람들의 '안녕'을 위해 진심으로 기도한다.

나눔의 행복

여름 과일이 무르익은 7월의 어느 날, 지인 K로부터 전화가 왔다. 그는 낙향해 과수원을 가꾸며 소일하고 있었다. 3년 전에 심은 복숭아나무가 올해는 100박스 이상의 열매를 맺을 것 같다며 필요한 만큼 주문하라고 했다. 날씨도 더운데 혼자서 작업하는 K의 수고를 덜어주고, 고마운 이들에게 나눠줄 겸 스물두 박스를 주문했다.

K가 키운 복숭아는 딱딱한 품종으로, 당도가 높고 맛이 뛰어났다. 지난해에도 첫 수확을 맛보라며 보내줬었는데, 올해도 잘 익기만을 기다리고 있었다. 나는 선물할 사람들의 주소를 정리해 K에게 발송을 부탁했다.

며칠 후, 주문한 복숭아가 내게도 도착했다. 발그스름하고 곱게 익은 복숭아는 마치 새색시의 볼처럼 예쁘고 탐스러웠다. 나의 뜻밖의 선물을 받은 사람들은 '웬 복숭아냐?'며 모두 반가워했다. 부모님 댁에도 넉넉히 보내드려, 주변 분들과 나눠 드실 수 있도록 했다. 부모님 댁에 가사도우미로 오신 분도 본인의 부모님을 위해 복숭아를 주문했다. 또한, 회사 본사에도 기술진들을 위해 몇 박스를 보냈더니 맛있게 잘 먹었다며 연락이 왔다.

복숭아를 1차로 보내고 나니, 또 고마운 사람들이 몇몇 떠올랐다. 다시 2차 명단을 작성해 추가로 주문했다. 두 번째 복숭아는 며칠 후에나 보낼 수 있다고 했다. 혼자서 과일을 따고, 밤새 포장해 보내는 일이 많다는 것이다. '주변에 알바라도 불러서 함께 하라'고 하니, 시골에는 80대 노인들밖에 없어 알바할 사람이 없다고 했다.

K는 십여 년 전부터 50대가 되면 모든 것을 정리하고 낙향해 부모님 곁에서 과수원을 가꾸고 글을 쓰며 살고 싶다고 늘 말해왔다. 몇 해 전, 결국 고향 집 옆에 땅을 사서 텃밭을 일구고 과일나무를 심었다. 처음에는 한 달에 한두 번 내려가더니, 어머니가 구순을 앞두고 돌아가시자 홀로 계신 아버지를 모시겠다며 서둘러 고향으로 내려갔다.

복숭아 중 30% 정도는 낙과하거나 상처가 있어 상품성이 없다고 했다. '그 많은 양은 어떻게 처리할 거냐?'고 묻자, 상처가 난 복숭아는 누구에게 주기도 어려워 어찌해야 할지 모르겠다고 했다. 힘들게 농사를 지어 한 개라도 버리는 게 안타까웠다.

문득 친정아버지가 좋아하시는 복숭아 통조림이 떠올랐다. 그것은 아이 어른 할 것 없이 모두 좋아하니 만들어서 함께 먹으면 좋을 것 같았다. 즉시 인터넷으로 통조림 만드는 법을 알아보았다. 레시피가 생각보다 간단해서 나도 해볼 수 있겠다 싶어, K에게 상품성이 없는 복숭아들을 모두 보내달라고 했다.

며칠 후, 커다란 박스 두 개가 집으로 배달되었다. 못난이 복숭아들이 가득 들어있었다. 즉시 마트에서 통조림 만들 재료들을 사다 놓고 복숭아를 손질하기 시작했다. 마트에서 남이 만들어 놓은 통조림을 사 먹었지만, 직접 만드는 것은 처음이라 아이들처럼 기대가 되고, 주변에 나눠줄 생각에 마음이 부풀었다.

복숭아 통조림을 만드는 방법은 간단했지만, 복숭아 양이 많아 손질하는 데 시간이 걸렸다. 결국 두 박스에서 1,500ml 두 병밖에 나오지 않았다. 한 병은 부모님 댁에 갖다 드리고, 다른 한 병은 주변 사람들과 나눠 먹었다. 모두 맛있다고 해 마음이 흐뭇해졌다. 이틀 만에 통조림이 동이 나 다시 못난이 복숭아를 주문했다. 이번에도 두 병을 만들어 결혼을 앞둔 질녀와 어린 손녀가 있는 딸네 집에 주었다.

K에게 복숭아를 모두 팔면 수입이 얼마나 되느냐고 물으니, "일 년 동안 쏟아부은 노력에 비하면 수입이 적다."고 했다. 농사를 짓는 것은 돈을 버는 것과는 거리가 멀다며, 농사는 그냥 본인이 좋아서 하면 모를까 돈을 벌려고 하면 더 힘들다고 했다. "다만 작은 묘목을 심고 세심하게 가꾸니 결실로 보답하는 자연이 고마울 따름이다"라고 말했다. 그의

말을 듣고 보니, 도심에서 편하게 농산물을 사 먹기만 한 나는 농부들의 노고를 잠시 잊고 살았다는 생각이 들었다.
　이번 K의 복숭아 덕분에 주변 이들에게 작으나마 나의 마음을 전할 수 있었고, 그들이 기뻐하는 모습을 보며, 주는 즐거움이야말로 진정한 '나눔의 행복'임을 깨달았다.

푸른 낯의 추억

청춘은 언제나 그 단어만으로도 마음을 설레게 한다. 화장이나 예쁜 옷으로 치장하지 않아도 그 자체로 빛나고, 자연스러운 아름다움이 살아있기 때문이다. 그 시절, 누구나 한 번쯤은 멋진 추억을 간직하게 마련이다.

지난해 어느 날, 문득 내 이름을 인터넷 검색창에 입력해 보았다. 그러자 나와 이름이 같은 사람들이 생각보다 많다는 사실을 알게 되었다. 그들 중에는 방송인, 정치인, 대학 총장 및 교수, 운동선수, 유명한 바둑기사, 목사 등 다양한 직업과 성별, 연령을 가진 이들이 있었다. 그들 모두 나와는 전혀 다른 지역에서 각기 다른 삶을 살아가고 있었다.

다음으로 내 이름 뒤에 '000 수필'을 덧붙여 검색해 보았다. 이번에는 나와 관련된 내용이 몇 페이지에 걸쳐 나오는 것을 새로이 발견했다. 흥미로운 마음에 주변 사람들의 이름도 검색해 보았는데, 직업에 따라 검색 결과가 꽤 많이 나오는 이들도 있었다.

그러던 중 대학 시절 남자친구의 이름을 검색했더니, 뜻밖에도 그의 이름이 여러 인터넷 뉴스 기사에 올라와 있었다. 처음에는 동명이인일 거라 생각하며 무심코 읽었지만, 기사 속 정보가 그의 대학 시절과 나이가 비슷해 보였다. 결국 사진까지 확인하게 되었는데, 세월이 흘렀음에도 불구하고 그의 모습이 어렴풋이 느껴졌다. 그 순간, 나는 깜짝 놀랐다.

그는 내가 대학에 갓 들어갔을 때 만난 첫 남자친구였다. 그와 처음 만난 것은 친구들과 함께한 미팅 자리에서였다. 그의 고등학교 동창이자 내 친구가 나를 찾아와 그와의 만남을 주선했기 때문이다. 그때는 대학생들이 가장 기다리는 5월 축제를 앞두고 있던 때라, 미팅을 제안하는 남학생들이 많았다. 나는 먼저 그들을 만나 이야기를 나누었고, 그 후에는 친구들에게 소개해 주곤 했다.

내가 그를 처음 만났던 날, 나는 그에게 내심 놀랐다. 첫인상이 너무도 순수하고 귀공자 같아서, 첫눈에 반했기 때문이다. 그는 나와 일대일 미팅을 원했지만, 나는 친구들의 미팅을 주선하는 데 집중했고, 그의 제안을 정중히 거절했다. 그러나 그는 나를 따라오며 왜 미팅을 하지 않느냐고 물었다. 사실 그 이유는 그의 친구 때문이었다. 친구들끼리 나에게 관심을 보이는 것이 부담스러웠기 때문이다.

얼마 지나지 않아 그는 갑작스럽게 내 집을 찾아왔다. 나는 그 사실에 또 한 번 놀랐다. 나에 대해 아무 정보도 알려주지 않았는데 어떻게 알았는지 의아했다. 다행히 민주적인 성향을 가진 아버지는 그를 반갑게 맞이했고, 뜻밖의 방문에 난처했지만, 그의 용기가 내심 싫지는 않았다. 그의 집과 내 집은 지하철로 두 시간이 넘는 거리였기에, 차마 그냥 돌려보내기 어려웠다. 지금 돌아보면 내성적인 성격의 그가 어떻게 그런 무모한 용기를 낼 수 있었을까 싶다. 누구나 생각은 할 수 있지만 행동으로 옮기기란 쉬운 일이 아니기 때문이다.

그 후 우리는 자연스럽게 친구가 되었고, 많은 추억을 쌓았다. 특히 기억에 남는 일은 그의 친구들과 함께 일일 찻집을 열었던 것이다. 당시 5·18 광주사태 여파로 대학이 휴강되면서 시간이 많았기 때문에 가능한 일이었다. 그때는 일일 찻집이 학생들 사이에서 유행하던 때였다. 커피숍을 하루 빌려 티켓을 미리 판매하고, 그곳에서 미팅을 주선하는 방식이었다.

우리 팀은 네 쌍, 총 여덟 명으로 이루어져 있었고, 주로 남자친구들끼리 친구였다. 우리는 흔히 대학생들이 선호하는 커피숍이 아닌, 분위기 좋은 레스토랑을 빌려 칵테일 미팅을 열었다. 티켓 가격은 500원인 일반 티켓의 세 배인 1,500원이었지만, 순식간에 완판되는 성과를 거두었다. 그 수익의 일부는 불우이웃 돕기에 쓰였고, 나머지 돈으로 제주도 여행을 다녀오기도 했다.

여행 후 서울로 돌아왔을 때, 우리는 곧바로 학교에 복귀

하라는 공지를 받았다. 그해 여름 방학은 우리에게 더 이상의 기회를 주지 않았다. 진로 문제로 잠시 만나지 말자고 했던 것이 결국 마지막이 될 줄은 몰랐다.

 인터넷 뉴스에서 그가 내가 예상했던 것과는 다른 삶을 살고 있다는 것을 알게 되었다. 조용하고 평범한 삶을 살 것이라 생각했지만, 그는 모 문화재단의 대표로서 활약하고 있었다. 반면 나는 유아교육에 오랫동안 몸담아왔지만, 현재는 그와 정반대로 글로벌 IT 분야에서 일하고 있다. 참으로 아이러니한 일이다. 그럼에도 그가 사회적으로 성공한 모습을 보니 기쁘고 마음이 따뜻해진다. 정말 우리의 미래는 아무도 예측할 수 없는 것 같다.

 청춘의 날들을 함께했던 친구들이 그립고, 그때의 일이 아직도 눈앞에 생생하다.

잔가지

"가지 많은 나무에 바람 잘 날 없다"는 속담이 있다. 부모에게 자식은 미풍에도 흔들려 다치는 나무의 잔가지와 같다. 자식이 몸이 약하면 병이 들까 걱정이고, 건강하면 천방지축 날뛸까 염려다. 가난하면 애처로워 속이 타고, 잘 살면 혹시나 액운이 닥칠까 근심이다.

젊은 시절에는 '돈'이란 쓸 만큼만 있으면 된다고 생각했다. 하지만 경쟁이 치열한 사회에서 돈의 중요성을 깨닫게 되었다. 돈에 울고 웃는 사람들 속에서 나 역시 그 흐름에 휩쓸리게 되었다.

한때 교육사업을 성공적으로 운영하며 경제적으로 여유가 있었다. 하지만 박사학위를 따기 위해 사업을 접고 나니, 수입은 줄고 지출은 늘어났다. 새로운 사업에 손을 댔지만, 기대만큼 잘 풀리지 않았고, 경제적인 어려움을 겪기도 했다. 그 결과, 부모님께 용돈을 드리기는커녕 오히려 그들의 지원을 받아야 했다. 부모님은 나를 볼 때마다 조심스럽게 돈봉투를 건네주며 눈치를 살피셨다.

작년, 남동생이 뇌출혈로 쓰러졌을 때, 아버지는 나를 불러 동생의 병원비에 보태라며 흰 봉투를 내미셨다. 그리고 동생의 아들에게도 용돈을 챙겨주라며 따로 돈을 입금해 주셨다.

지난 추석, 아버지는 요양병원에 누워있는 남동생 걱정에 눈물을 보이셨다. 다행히도 내 사업이 다시 잘 되기 시작해 동생의 병원비를 내가 모두 책임질 수 있었다. 그래서 부모님께는 이제 자식 걱정은 그만하시고 두 분의 건강만 챙기시라고 말씀드렸다. 그러자 아버지의 표정이 한결 밝아졌다. 그 순간, 부모님이 내 곁에 계실 시간이 얼마 남지 않았다는 생각이 스쳤다. 바쁘다는 핑계로 자주 찾아뵙지 못했던 것을 더 늦기 전에 바로잡아야겠다고 마음먹었다.

그날 바로 아버지 통장에 용돈을 입금해드리고, 필요한 곳에 쓰시라고 전화드렸다. 예전 같으면 선물이라도 드리면 내가 힘들까 봐 손사래를 치셨을 아버지가 그날따라 "고맙다"라는 힘없는 말을 남기셨다. 그 속에서 자식에 대한 안도감과 따뜻한 정을 느낄 수 있어 가슴이 뭉클했다.

지난 주말에는 시간을 내어 부모님이 좋아하시는 음식을 사서 댁을 찾았다. 좋은 식당으로 모시고 가고 싶었지만, 코로나19와 어머니의 건강 상태를 고려해 집에서 대접하기로 했다.

며칠 전에는 어머니가 좋아하는 아귀찜을 사드리라고 아버지께 돈을 보내드리며, 이제는 내가 더 이상 나무에 붙어 있는 잔가지가 아니라고 생각했다.

저녁 식사를 함께하며, 부모님께 앞으로 드시고 싶은 것, 하고 싶은 것이 있으면 언제든지 말씀해달라고 하자 두 분의 표정이 마치 어린아이처럼 밝아졌다. 이 모습은 어린 시절, 아버지가 우리 네 남매에게 하던 모습과 닮아 있었다. 당시 경제적으로 어려웠지만, 아버지는 언제나 당당하게 말씀하시곤 했다.

"걱정하지 말고 공부만 열심히 해. 아빠가 있잖아!"

그 말은 내가 자라면서 큰 위안과 믿음을 주었다. 아버지는 언제나 우리 가족의 든든한 기둥이자 울타리였다. 덕분에 나는 어려움을 모르고 자랄 수 있었다.

부모님 댁을 나서기 전, 어머니 손가방에 용돈을 넣어드리며 필요한 데 쓰시라고 말씀드렸다. 하지만 어머니는 돈을 받아들이지 않으시고, 병원에 있는 동생을 위해 쓰라며 내 손에 다시 쥐어주셨다. 그러면서 조용히 말씀하셨다.

"돈이 있을 때 함부로 쓰지 말고, 잘 모아두었다가 꼭 필요할 때 쓰렴."

그제야 깨달았다. 나는 아직도 부모님에게는 잔가지였다. 부모의 깊은 마음을 자식이 어찌 헤아릴 수 있을까!

메타버스

IT 기술의 발전은 우리의 일상생활에 많은 변화를 가져오고 있다. 그중에서도 메타버스, NFT, 아바타와 같은 기술들은 새로운 역할을 하고 있다. 불과 몇 년 전만 해도 아이들의 오락게임에나 사용되던 기술들이 이제는 생활의 일부로 자리 잡고 있다.

'메타버스'는 원래 'Meta(가상)'와 'Universe(우주)'의 합성어로, 가상 공간에서 현실 세계와 유사한 사회, 경제, 문화 활동이 이루어지는 3차원의 세계를 의미한다.

얼마 전, 한 공영방송에서는 '아바타 싱어'라는 독특한 프로그램을 선보여 시청자들을 놀라게 했다. 이 프로그램은 가수들의 아바타가 메타버스라는 가상공간에서 노래 경연을 펼치는 것으로, 실제 가수들보다 더 흥미롭게 다가왔다. 또 다른 방송에서는 이미 고인이 된 유명 여성 연예인의 아바타가 생전의 모습 그대로 분장해 실제 남편과 함께 무대에 올라 듀엣을 부르는 장면이 방영되었다. 아내의 아바타가 무대에서 사라지고 혼자 남은 남편의 모습은 많은 시청자들의 마음을 울렸다. 이런 장면들을 보며, 사랑하는 사람이나 애완동물의 아바타나 NFT를 미리 만들어두면, 언제든지 보고 싶을 때 꺼내 볼 수 있어 좋겠다는 생각이 들었다.

NFT는 '대체 불가능한 토큰'으로, 디지털 소유권을 증명

하는 일종의 등기권리증과 같은 의미를 갖는다. 블록체인 기술을 기반으로 이미지, 사진, 영상, 음원, 문서 등을 토큰으로 만들어, 강력한 보안으로 해킹이나 복사, 위변조가 불가능하며, 데이터를 영구적으로 보관할 수 있다. 요즘처럼 진위 파악이 중요한 세상에서, NFT는 진본을 확인하고 보호할 수 있는 도구로 활용되며, 자신만의 특별한 NFT를 만들어 보관하거나 판매를 통해 온라인 인세 수익을 올릴 수 있는 디지털 자산이기도 하다.

예전에는 소중한 추억을 담은 사진이나 영상이 세월이 흐르면서 퇴색되고 훼손되는 것이 안타까웠다. 하지만 NFT를 만들면 그런 걱정을 덜 수 있어, 나도 몇 가지 NFT를 만들어보았다. 첫째는 세상에서 하나뿐인 손녀딸의 돌 기념사진 NFT, 두 번째는 딸이 키우는 미니 몰티즈 '리샤'의 생후 1년 기념 사진, 세 번째는 내가 찍어둔 멋진 힐링 사진, 네 번째는 집에 걸어두면 재물이 생긴다는 해바라기 꽃 그림, 마지막으로는 유명 예술가로부터 선물 받은 특별한 작품을 NFT로 만들었다.

얼마 전 TV 뉴스에서는 한 여류 시인이 자신의 시집을 NFT로 제작해 NFT 플랫폼에서 경매로 판매하여 천만 원의 수익을 올렸다는 소식도 전해졌다. 앞으로 NFT 시장은 일상생활 속에서 다양한 방식으로 활용되며, 그 규모도 커질 것으로 예상된다.

'쇠뿔도 단김에 빼라'는 말처럼, 생각난 김에 나의 아바타도 만들어 보고 싶다는 생각이 들었다. 마침 내가 소속된 회사가 IT 기업이기에, 본사에 아바타 제작을 요청했다. 우선 사진을 찍어 보내달라는 요청을 받고, 사무실 근처의 사진관을 찾아갔다. 직원이 무슨 사진을 찍을 것인지 묻기에 '아바타 프로필'을 찍으러 왔다고 하니, 직원은 처음 듣는 이야기인 듯한 표정을 지었다. 사진사도 어떤 포즈로 찍을 것인지 감이 잡히지 않는 듯했다. 나는 흰색 배경에 상체만 정면과 약간 좌우로 총 네 장을 찍어서 파일로 달라고 요청했다.

아바타는 몇 가지 표정만 있으면 다양한 머리 스타일과 의상을 적용해 여러 가지 모습으로 변신시킬 수 있어 매력적이다. 마치 배우처럼 현실의 나를 다양한 모습으로 표현할 수 있고, 가상공간에서 다른 아바타들과 교류할 수 있는 가능성도 크다. 그러다 보면 자신의 숨겨진 능력을 발견할 수도 있을 것 같다.

앞으로는 누구나 메타버스라는 가상공간에서 자신의 아바타를 통해 다양한 사회활동을 하는 세상이 열릴 것이다. 그곳에서 우리는 아바타를 통해 공부하고, 법정이나 정치, 경제활동, 심지어는 세계 및 우주여행까지 경험하게 될 것이다. 이 가상공간은 시공간과 인격의 차별이 없기 때문에 누구나 참여할 수 있을 것이다. 그러나 인간의 영역이 아바타에게 점령당하는 것은 아닐까 하는 우려도 든다.

복여운

해마다 새해가 되면 많은 사람이 한 해의 운을 알고자 철학관을 찾거나 온라인에서 운세를 살펴보곤 한다. 운세가 좋게 나오면 기분이 좋고 안심이 되지만, 반대로 나쁜 결과가 나오면 괜한 걱정만 늘어나기도 한다.

며칠 전, 딸로부터 새해 운세를 봐 달라는 부탁을 받았다. 일요일 시간을 이용해 예전에 배운 역학 지식을 되살려 가족과 가까운 지인들의 운세를 풀어보았다.

먼저, 지난해의 토정비결이 얼마나 맞았는지 검토해 보니, 당시 가볍게 넘겼던 내용들이 실제로 맞아떨어진 부분이 적지 않았다. 이는 우리 선조들이 쌓아온 지혜가 긴 세월이 지나도 여전히 유효하다는 것을 보여주는 사례였다.

새해 운세도 비슷한 경향을 보였다. 같은 가족이라도 태어난 시기에 따라 운세의 희비가 엇갈렸지만, 큰 흐름은 비슷했다. 제일 먼저 내 운세를 확인해보니, 다행히도 새해에는 재물 운이 좋다고 했다. 요즘처럼 사회와 경제가 모두 어려운 시기에 이보다 더 반가운 소식이 어디 있을까.

다음으로 딸네 가족의 운세를 보았다. 초반에는 약간의 어려움이 예상되지만, 여름 이후로는 여러 가지 일이 잘 풀릴 것이라고 나왔다. 딸은 둘째 아이를 언제 낳으면 좋을지 물었는데, 내심 한 명만 잘 키우라고 하고 싶었지만, 본인이

원한다면 둘째를 낳는 것도 큰아이에게 좋은 선택일 것 같았다. 비록 내가 전문가가 아니지만, 결과를 보니 11월에 태어날 아기와 산모가 모두 건강할 것 같았다.

문득 한 달 전, 어느 늦은 밤에 걸려 온 전화가 생각났다. 발신자는 오랜만에 반가운 사람이었는데, 약 십 년 전 평창군의 한 유명 예술관에서 해가 저물 무렵 만났던 서예가였다. 그 당시 그는 그곳의 관장으로, 오십 년 넘게 서예에 몸담고 있었다. 우리는 반가운 마음에 서로의 안부를 물으며, 후일 내 사무실에서 만나기로 약속했다.

며칠 후, 그는 사당역에 있는 내 사무실을 찾아왔다. 세월이 흘렀지만, 우리는 서로 금방 알아볼 수 있었다. 오랫동안 알고 지낸 사이는 아니었지만, 예술을 통해 만난 인연이었기에 더욱 반가웠다.

그는 만나자마자 자신의 작품집 한 권과 큰 봉투 하나를 내밀었다. 의아한 마음으로 봉투를 열어보니, 예쁜 한지에 '복여운福如雲'이라는 멋진 서예 작품이 들어 있었다. 그는 새해에는 가정에 복이 구름처럼 가득하기를 기원하며 이 작품을 십 년 전에 썼다고 했다. 먹빛이 여전히 살아 있는 이 작품은, 내가 갑자기 떠나는 바람에 미처 주지 못하고 서재에 간직해 두었던 것이라고 했다.

그 당시 나는 예술관에서 주최한 '지역 문화재' 행사에 초대되어 시 낭송을 하고, 서예가, 조각가, 화가, 음악가 등 여러 분야의 예술가들과 어울리며 뜻깊은 시간을 보냈다. 그날의 행사는 '문화예술관'을 하나 만들고 싶은 꿈을 내게 심어주었고, 늘 멋진 추억으로 남아 있었다. 다시 한번 방문하려고 했지만, 어느새 십 년이 흘러버린 것이다.

처음 만난 사람임에도 작은 약속을 잊지 않고, 뜻밖의 선물을 준 선생님께 내심 고마운 마음이 들었다. 이에 대한 작은 보답으로 글로벌 온라인 플랫폼에서 그의 작품 몇 점을 골라 NFT(대체 불가능한 토큰)를 제작해 드렸다.

내 새해 운세에 재물 운이 있다고 하더니 말만 들어도 미리 복을 선물로 받은 듯 하다. 팬데믹으로 온 인류가 어려움에 빠져 있는 요즈음, 새해에는 내가 받은 '복여운福如雲'처럼 온 세상이 함께 기쁨이 넘치기를 기원해 본다.

꿈은 이루어진다

스포츠 경기는 많은 사람을 하나로 묶는 강력한 힘을 가지고 있다. 특히, FIFA 월드컵이나 올림픽 같은 국제경기는 그 힘이 더욱 강하게 발휘된다. 평소 스포츠에 관심이 없던 사람들도 이 시기에는 열렬한 애국자가 되기 마련이다.

며칠 전, 한 공영 TV에서 축구해설가가 우리나라의 월드컵 역사를 소개하는 특집을 방영했다. 그중에서도 가장 가슴을 울렸던 장면은 '1954년 스위스 월드컵'이었다. 우리 선수들이 '현해탄 각서'를 쓰고 비장한 각오로 출전했던 그 대회였다. 우리의 예선 상대는 바로 일본이었고, 당시 우리나라는 일제강점기에서 해방된 지 얼마 되지 않았던 시점이었다. 선수들은 일본에만큼은 절대 질 수 없다는 투지로 '만일 일본에 진다면 출전 선수 전원이 현해탄에 빠져 죽겠다'는 각서를 작성했다.

원래 예선전은 양국의 본토에서 각각 한 번씩 치러야 했지만, 당시 이승만 대통령의 '일본인 입국 절대 반대' 선언으로 인해 일본에서 두 번의 예선전을 모두 치르게 되었다. 여러 악조건 속에서도 우리 선수들은 투지로 5:1의 대승을 거두었고, 일본 하늘에 태극기가 올라가며 애국가가 울려 퍼지는 역사적인 승리를 이끌어냈다.

한 · 일 예선전 승리의 감격을 채 누리기도 전에 선수들은 본선 경기를 위해 스위스로 떠나야 했다. 그러나 비행기 표가 부족해 이틀에 걸쳐 두 팀으로 나뉘어 이동해야 했고, 그마저도 두 명의 표가 모자라 곤란한 상황이었다. 그때 축구를 사랑하는 한 영국인 신혼부부가 티켓을 양보해준 덕분에 선수들은 48시간을 걸려 스위스 경기장에 도착할 수 있었다.

하지만 너무 늦게 도착한 탓에 개막식도 끝난 후였고, 현지 적응 훈련도 하지 못한 채 강대국을 상대로 경기를 치러야 했다. 전력이 약한 데다 지친 우리 팀은 수비에만 전력을 다했고, 골키퍼는 쏟아지는 강슛을 막아내느라 온몸이 멍들었다고 한다. 비록 경기에서 승리하지는 못했지만, 최선을 다해 싸워 준 선수들에게 온 국민이 감동하여 격려의 박수를 보냈다.

이와 함께 떠오르는 것은 '2002년 한·일 월드컵'이다. 히딩크 감독의 '꿈은 이루어진다'라는 슬로건이 우리나라를 세계 4강까지 올려놓는 원동력이 되었다. 당시 축구를 사랑하는 친정아버지 덕분에 부모님과 함께 우리나라 경기장을 모두 다니며 축구 경기를 관람할 수 있었다. 경기장을 직접 찾아 응원하는 것은 TV로 보는 것과는 차원이 달랐다. 특히 독일과의 4강전이 끝난 후, 많은 사람이 태극기를 들고 애국가를 부르며 경기장을 떠나지 않았던 기억이 생생하다. 나 역시 '붉은 악마'의 응원소리와 함께 눈물을 흘리며 그 순간을 만끽했다. 빨간 티셔츠를 입고 전국을 누비며 축구를 응원했던 그날은 지금도 잊을 수 없는 기억으로 남아 있다.

며칠 전, 책장을 정리하다가 작은 수첩을 발견했다. 그것은 '2002년 월드컵'과 관련된 경기에 대한 승률을 분석해 놓은 메모 수첩이었다. 수첩에는 당시 월드컵 경기 날짜와 시간, 상대 국가, 그리고 선수들이 입었던 옷 색깔까지 기록되어 있었다. 경기 직전 선수들의 옷 색깔을 보고 내가 공부한 역학의 오행을 적용해 경기 결과를 예측했는데, 놀랍게도 승률이 꽤 높았음을 확인하고는 깜짝 놀랐다.

수첩 속에는 부모님과 축구장에서 찍은 사진들도 함께 있었다. 그중에는 당시 여중생이었던 딸과 조카들이 유명 연예인과 함께 이탈리아 8강전에서 '필승'을 외치며 빨간 티셔츠와 태극기를 두른 사진도 있었다. 시간이 흘러, 사진 속 딸은 이제 아이의 엄마가 되었고, 축구 열광 팬이었던 친정아버지도 이제는 구순을 바라보고 계신다.

지난 11월 21일, 중동에서 최초로 '2022년 FIFA 카타르 월드컵' 경기가 시작되었다. 더운 나라에서의 경기이기 때문에 월드컵 역사상 처음으로 여름이 아닌 겨울에 열렸다. 벌써

공영 TV에서는 출전 선수들의 근황과 상대국 소식으로 가득하다.

　코로나로 인한 경기 침체와 정치적 갈등이 심화된 지금, 월드컵 경기를 통해 우리 국민이 하나로 뭉쳐 '꿈은 이루어진다'는 신화를 다시금 재현하는 계기가 되기를 기대해본다.

3부

타로 운세

부모의 마음

타로 운세

산타와 아이들

그때 그 시절

AI와 함께하는 일상

성묘하던 날

전화 혼선

이름 짓기

어떤 이별

부모의 마음

예로부터 부모는 자식 걱정에 바람 잘 날이 없다고 한다. 자식은 아무리 나이가 들어도 부모 눈에는 언제나 어린아이처럼 걱정스러운 존재이기 때문이다. 오죽하면 구순 노인이 칠십대 아들에게 '차 조심하라'고 신신당부한다는 말이 있을까! 그러나 자식의 마음은 다르다. 부모의 걱정 어린 말이 잔소리처럼 들리고, 참견하는 것 같아 귀찮게 여길 때가 많다. 언젠가 딸이 본인의 핸드폰 AI가 '엄마는 잔소리 폭격 쟁이'라고 써 있다고 웃으며 내게 말했다.

얼마 전, 결혼한 딸이 광복절 연휴를 맞아 2박 3일 여행을 다녀오겠다고 했다. 평소라면 가족과 함께 갔겠지만, 이번에는 오랜만에 대학 친구들끼리만 여행을 가겠다는 것이다. 일 때문이라면 어쩔 수 없지만, 어린 딸을 제 남편에게 맡기고 다녀온다는 것이 마음에 걸렸다. 혼자 가지 말고 다음으로 미루라고 부탁했지만, 딸은 휴식이 필요하다며 여행을 강행하겠다고 했다. 남편이 아이를 잘 돌볼 수 있다고 하니 걱정하지 말라는 것이다. 그러나 내 마음은 편치 않았다. 손녀가 아직 세 돌밖에 되지 않아 엄마의 손길이 많이 필요할 때이기 때문이다.

할 수 없이 딸에게 '나라도 가서 아이를 돌봐줄까?' 물어보았지만, 내외가 모두 괜찮다고 답했다. 딸이 여행을 떠나자,

첫날 사위가 손녀를 데리고 친가를 방문했다. 그곳에서 동생과 함께 키즈카페에 가서 놀다가 밤늦게 돌아왔다. 아이를 재미있게 해준 것은 좋았지만, 내 마음은 사위가 혼자서 어린아이를 승용차 뒷좌석에 태우고 오가는 것이 염려스러웠다.

다음 날, 아이가 어린이집 버스를 보자 울면서 가지 않겠다고 떼를 썼다고 한다. 매일 엄마가 배웅해 주다가 없으니 허전했던 모양이다. 그 소리를 들으니 혼자 여행을 간 딸이 야속하게 느껴지며 마음이 짠했다. 아빠가 잘 보살핀다 해도 엄마만 하랴 싶었다.

내가 딸 나이 정도 되었을 때 어린 딸을 두고 여행 간다는 것은 상상할 수 없었다. 외국 출장을 몇 번 다녀온 적은 있지만, 그때는 딸이 그렇게 어린 나이는 아니었다.

셋째 날은 토요일이라 아침 일찍 딸네 집에 가서 아이를 돌봐주려고 사위에게 전화했으나 한동안 받지 않아 은근히 걱정되었다. 잠시 후, 사위로부터 전화가 와서 물어보니 손녀가 검은색 매직펜으로 식탁과 의자, 선풍기 등 거실에 있는 가구에 그림을 그려놓았다는 것이다. 아이가 다치기라도 했을까 싶어 깜짝 놀랐지만, 아이에게 화를 내기보다는 왜 그랬느냐고 물어보니 헤헤 웃으며 '재미있어서 그랬어요'라고 대답했다고 한다. 어린 손녀에게 매직펜은 요술 펜처럼 재미있었나 보다. 순간 아이의 순수한 행동과 대답에 나도 모르게 웃음이 나왔다.

딸은 제주도에서 돌아오는 날, 사위에게 딸을 데리고 김포공항으로 마중 오도록 요청했다. 오면서 목동에 있는 친할머니 댁에도 들르겠다는 것이다. 그 소리를 듣자 나는 딸에게 혼자 택시를 타거나 지하철을 타고 할머니 댁에 가라고 신신당부하며, 사위는 직접 아이의 안전띠를 잘 매고 할머니 댁으로 가라고 말했다. 아이들은 한 순간만 방심해도 큰 사고가 날 수 있기에 주의가 필요하다는 뜻이었다.

오후 8시 30분경, 딸로부터 집에 잘 도착했다는 전화가 왔다. 그제야 마음이 편해졌다. 십 년 묵은 체증이 해소된 느낌이었다. 딸은 즐겁게 놀다 왔지만, 며칠 동안 신경을 쓴 내가 과잉 반응한 건 아닌지 싶기도 했다.

어제는 휴일을 맞아 부모님을 뵈러 갔더니, 구순의 친정아버지가 말씀하시길 "앞으로 너는 사십 년을 더 살아야 하니, 지금부터 어떻게 살지를 생각하고 노후를 잘 준비해야 한다"고 당부하셨다. 나는 "아버지, 저는 할 일이 많아서 심심할 틈도 없고, 모두 머릿속에 준비되어 있으니 걱정하지 마세요"라고 대답했다.

나 역시 예외는 아니었다. 부모 눈에는 여전히 내가 어린 아이처럼 보이는 것은 어쩔 수 없는 것 같다.

타로 운세

예로부터 우리 선조들은 '사주와 궁합'을 중시하여 중요한 인륜지대사에 많이 활용해 왔다. 비록 사주와 궁합이 절대적인 정답은 아니지만, 어느 정도 우리의 삶에 있어서 중요한 일기예보와 같은 역할을 해왔기 때문이다. 최근 들어서는 디지털 세대인 젊은이들 사이에서도 동양의 사주나 궁합뿐만 아니라 서양의 타로 운세까지 관심이 많아지고 있다.
　예전에는 철학관이나 타로 카페를 통해 운세를 보는 것이 일반적이었지만, 요즘은 다양한 '온라인 어플'이 등장하면서 휴대폰에 간단히 설치하고 회원가입만 하면 누구나 손쉽게 본인의 운세를 확인할 수 있게 되었다. 특히 타로는 사주처럼 생년월일과 같은 자세한 개인 정보를 입력하지 않아도, 카드 한 장만 뽑아 그날의 운세를 점칠 수 있어 호기심에 배우려는 사람들도 점차 늘어나고 있다. 물론 타로도 자세한 정보를 원할 때는 생년월일이 필요하다.
　나 역시 평소 타로에 관심이 있었던 터라, 동네 주민센터에서 우연히 타로를 배우게 되었다. 사주팔자에 대한 기본 지식이 있었기에 타로도 쉽게 이해할 수 있었다. 타로 카드는 원래 이탈리아 귀족층이 즐기던 게임용 카드에서 유래했다고 한다. 이후 도덕적 가르침, 철학, 소설, 영화, TV 프로그램 등에서 흥미로운 소재로 다뤄지며, 내적인 명상의 도구로, 그리고 인간의 길흉화복을 알아보는 등 다양한 목적으로 600여 년 동안 사용 되어왔다. 타로 카드에 그려진 다양한 그림들은 인간사와 우주 삼라만상에서 일어나는 많은 일들을 여러 문화적 양식으로 상징화한 것이다.

호기심에 타로로 내 운세를 풀어보니 깜짝 놀랄 만한 결과가 나왔다. 선천적으로 낙천적이고 자유로운 성향을 지닌데다, 주변에 사람이 많고 관계를 중요시한다는 것이 카드에 나타난 것이다. 반면에 경제관념이 약하고 주변 유혹에 취약하다는 단점도 있었다.

그래서인지 나는 틀에 박힌 일보다는 자유롭고 새로운 도전을 좋아한다. 동호회 활동도 많고, 현재 하는 일도 다른 사람들에게 정보를 전달하는 중요한 역할을 하고 있다. 반면 재물에 대해서는 큰 걱정 없이 지내는 편이다. 남들처럼 많은 재산은 없지만, 나보다 어려운 사람들을 챙기다 보면 가끔 내 주머니가 비어도 예상치 못한 돈이 생기곤 한다. 이는 사주에 '먹을 복'이 많기 때문이라고 하는데, 없는 것보다는 이런 복이라도 있으니 다행이라는 생각이 든다.

내 주변 지인들의 타로 운세도 풀어보았는데, 그들 역시 타고난 성향이 카드에 그대로 나타나는 것을 확인할 수 있었다. 동서양의 방식은 다르지만, 사람의 특성과 운세를 예측해 낸다는 것은 참으로 신기한 일이다.

특히 흥미로운 점은 타로 카드를 펼친 후 마음속으로 궁금한 점을 질문하고 카드를 뽑으면 즉각적인 답을 얻을 수 있다는 것이다. 물론 같은 운세라도 해석하는 사람의 경력에 따라 다르게 표현될 수 있다.

최근에는 아침에 일어나 오늘의 타로 운세를 보고, 일과가 끝난 후 결과를 기록해보는 습관이 생겼다. 하루를 예측하고 결과를 살펴보면 예측이 맞을 때도 있고 빗나갈 때도 있다. 이는 타로 자체의 한계일 수도 있고, 내가 타로를 충분히 이해하지 못한 탓일 수도 있다.

타로의 장점을 꼽으라면, 우선 재미있고 신선하다는 점이다. 처음 만난 사람과도 타로를 통해 쉽게 가까워질 수 있고, 어색한 관계를 풀어주는 데도 도움이 된다. 또한 카드 결과를 해석하다 보면 각 운세에 대한 장단점과 더불어 앞으로 어떤 마음가짐과 행동으로 살아야 하는지에 대한 철학적인 암시를 얻을 수 있다.

생각해보면 사주나 타로는 단순한 운세 예측에 그치는 것이 아니라, 미래에 대처할 마음가짐을 다지는 자기최면 같은 역할을 하는 것이 아닐까 하는 생각이 든다.

산타와 아이들

크리스마스가 다가오면 아이들이 가장 기다리는 사람은 단연코 산타할아버지다. 루돌프 사슴이 끄는 썰매를 타고 굴뚝으로 들어와 착한 아이들에게만 선물을 준다는 동화 같은 이야기는 언제 들어도 마음을 따뜻하게 한다.

얼마 전, 크리스마스를 앞두고 딸에게서 전화가 왔다. 카톡으로 보낸 사진을 보라는 것이었다. 서둘러 확인해보니, 17개월 된 손녀가 다니는 어린이집에서 산타 행사를 한 사진들이었다. 사진 한편에는 손녀가 산타할아버지를 보고 울음을 터뜨린 모습과, 담당 선생님이 당황했다는 설명이 적혀 있었다. 단체 사진 속에서도 즐거운 표정의 아이들 가운데 홀로 울고 있는 손녀의 모습이 눈에 띄었고, 다른 사진에서는 울음을 멈추고 진지한 표정으로 선물을 받는 모습이 웃음을 자아냈다.

그 순간, 내가 유치원을 운영하던 때의 일이 떠올랐다. 성탄절을 앞두고 유치원에서 산타 행사를 할 때, 네 살이었던 딸이 산타할아버지가 자신의 이름을 부르자 지금의 손녀처럼 긴장한 채 조심스럽게 앞으로 나섰던 기억이다. 딸은 너무 무서웠는지 정지화면처럼 그대로 굳어버렸다.

행사가 끝나고 집에 돌아오자 딸이 말했다.

"엄마! 산타할아버지가 이상해요. 전도사님이랑 똑같은

얼굴에 점이 있어요."

알고 보니, 그날 산타 역할을 했던 분은 나와 친분이 있는 원장님의 남편이자, 평소 아이를 잘 챙겨주시던 전도사님이었다. 깜짝 놀라 확인해보니, 정말 얼굴에 점이 있었다. 딸은 유난히 관찰력이 좋아, 내가 미처 알아차리지 못한 것도 놓치지 않고 기억하고 있었던 것이다.

다음 해에는 산타 역할을 할 사람이 마땅치 않아 선물만 주기로 했는데, 교사들이 급히 내게 와서 말했다. 아이들이 산타할아버지가 언제 오시냐고 계속 묻는데, 오지 않으면 실망할 것 같다고 했다. 그래서 결국 내가 산타 역할을 맡기로 했다.

급히 산타 복장을 하고, 목소리를 바꿀 수 있는 마이크를 가슴에 찬 채 선물 보따리를 들고 아이들 앞에 나섰다. 하나하나 이름을 부르며 그 아이들의 장점과 고쳐야 할 점을 이야기해주니, 아이들은 자신을 잘 아는 산타할아버지가 신기한지 진지한 표정으로 내 말을 듣고 있었다.

그날 산타 행사는 아이들에게 산타할아버지에 대한 꿈과 희망을 심어주기에 충분했다. 선물을 받고 기뻐하는 아이들의 모습을 보며, 내가 산타 역할을 하길 참 잘했다는 생각이 들었다. 할아버지 목소리를 내는 일이 절대 쉽지는 않았지만, 백여 명의 아이들에게 재미있는 이야기를 하나하나 해 주다 보니 나중에는 식은땀이 날 정도였다. 그러나 그 모든 것이 지금은 그리운 추억으로 남아 있다.

새해에는 산타할아버지가 온 세상 어린이들에게 고루 사랑과 꿈을 선물해 주었으면 하는 바람이다.

그때 그 시절

부산행 KTX 열차가 시가지를 벗어나자 차창 밖에는 가을 들녘이 펼쳐진다. 빠르게 스쳐 가는 가을 풍경이 마치 한 폭의 수채화 같다. 눈을 감고 자는 사람, 핸드폰을 보는 사람, 노트북으로 영화를 보는 사람, 나직이 속삭이는 사람 등 열차 안은 그저 조용하기만 하다.

  문득 대학 시절의 부산 여행이 떠올랐다. 방학마다 단짝 친구와 함께 여행을 다녔는데, 첫 번째로 간 곳이 부산이었다. '비둘기호'라는 야간 완행열차를 타고 13시간이나 가야 했고, 기차 안은 만원 버스처럼 북적였다. 좌석은 서로 마주 보는 형태로 낯선 사람들과 합석해야 했고, 우리 앞좌석은 부산 가는 동안 여러 번 주인이 바뀌었다. 간식을 파는 분이 오갈 때마다 맛있는 것을 사서 나눠 먹는 것도 기차 여행의 즐거움이었다. 한 번은 판매원이 앞자리 손님이 몇 번 바뀌도록 꼼짝하지 않고 앉아 있는 우리가 궁금했는지, 어디까지 가느냐고 묻기도 했다.

  대학 친구 중 몇몇은 지루하다고 좀 더 빠른 무궁화호나 새마을호를 선호했지만, 나는 13시간이 힘들기는커녕 오히려 청춘의 낭만으로 느껴져 조금도 지루하지 않았다. 기차를 타고 가는 동안 여러 가지 경험을 할 수 있어 좋았다. 차창 밖을 스치는 멋진 풍경, 낯선 사람들 간의 좋은 인심, 때로는 좋은 인연을 맺기도 했다.

부산행 야간열차에서 우리보다 세 살 아래인 고3 남학생 둘을 만난 적이 있다. 서울에서 대학 입학시험을 마치고 집으로 가는 길이라는데, 한 아이는 가수가 꿈이라며 노래 실력을 자랑하기도 했다. 우리는 그들의 소개로 부산의 명소인 을숙도를 여행했고, 막연하게 훗날을 기약하며 헤어졌다가 서울에서 다시 만난 적도 있지만, 서로 바쁘다 보니 이제는 소식조차 세월 속에 묻혀버리고 말았다.

부산에서 돌아오던 날도 우리는 야간 완행열차를 탔다. 기차가 대구쯤 왔을 때, 함께 간 단짝 친구가 갑자기 예정에 없던 제안을 했다. 대구에 아는 언니가 있는데, 지나가는 김에 들러서 만나고 싶다는 것이었다. 특별히 다른 스케줄이 없던 우리는 무작정 기차에서 내렸다.

당시는 전화도 없던 시절이라 무턱대고 낯선 곳에 주소가 적힌 쪽지 한 장만 갖고 그 집을 물어물어 찾아갔다. 그러나 그 집에는 아무도 없었다. 지금 와서 생각해보면 사전에 연락도 없이 갑자기 찾아간 것은 무모한 행동이 아닐 수 없다.

우리는 할 수 없이 다시 서울행 야간열차를 탔다. 열차 안은 사람들로 가득 차서 발 디딜 틈도 없이 앉아가는 사람들보다 서서 가는 사람들이 더 많았다. 편히 가다가 공연히 내렸다 타는 바람에 좌석도 없이 서울까지 갈 생각을 하니 걱정이 앞섰다. 그때, 내 또래의 대학생으로 보이는 잘생긴 남학생이 친구들과 앉아 있다가 나를 보자 자리를 양보하는 것이 아닌가! 옆자리에 친구까지 함께 앉을 수 있도록 자리를 양보해 주었다. 우리는 미안해하면서도 거절하지 못했다. 서울까지 가려면 시간이 많이 걸리기 때문이다. 처음에는 중간에 내릴 사람들인가 했는데, 그들은 서울에 도착할 때까지 내 옆에 서서 졸며 내내 있었다. 중간에 앉으라고 해도 괜찮다며 사양하며 우리에게 친절을 베풀었다. 공연히 남에게 민폐를 끼친 것 같아 내심으로 미안했다. 서울에 도착했을 때, 그들은 무언가 할 말이 있는 듯 머뭇거리더니 잘 가라며 인사를 했다. 우리는 고마움을 표시할 겨를도 없이 그렇게 서로 기차에서 내렸다.

내가 잘 아는 어떤 회장님은 젊은 시절 기차에서 만난 예쁜 여대생과 인연이 되어 결혼까지 하고 사업도 크게 성공하여 주위의 부러움을 사기도 했다. 이렇듯 기차 여행은 젊은이들에게 낭만과 향수를 심어주고 사랑의 인연을 만들어 주기도 했다.

요즘 주목받고 있는 KTX 열차는 옛날 기차보다 몇 배 빠르기는 하지만 그때의 완행열차 같은 재미는 없다. 열차의

속도만큼 생활도 바빠지다 보니 마음의 여유도 없어져서 KTX 승객들은 어쩌다 마주 보고 앉기라도 하면 무언가 어색해서 눈길을 피하거나 애꿎은 핸드폰만 만지작거리기가 예사다.

 불현듯 그때 그 시절 여행 단짝이었던 친구가 보고 싶다. 시끌벅적하던 기차 안이 새삼 그리워진다.

AI와 함께하는 일상

우리는 무엇이든지 잘 아는 사람을 '척척박사'라고 한다. 예전에는 전문가에게 물어봐야 할 것들이 지금은 컴퓨터나 휴대폰과 함께 인터넷만 있으면 무엇이든지 해결할 수 있는 세상에 살고 있다. AI 기술 덕분이다.

몇 해 전, 미국의 한 기업이 AI 전용 플랫폼을 내놓으며 세상을 놀라게 하고 있다.

이 플랫폼에서는 무엇이든지 궁금한 것을 질문하면 1초 만에 해답을 보여준다. 마치 어린이 세계 명작동화 알라딘의 요술램프에 나오는 지니와 같다. 그 분야는 매우 폭이 넓어서 각 사회에서 전반적으로 활용되고 있다.

우리나라에서는 그동안 N 플랫폼이 '무엇이든지 물어보세요.'라는 검색창을 통해 학생이나 사회 각 분야 사람이 자료를 찾는 데 많이 활용한 바 있지만, 이 플랫폼은 자료 찾는 것뿐만 아니라 연설문이나 가정통신문, 각종 행사 사회 멘트, 주례 말씀, 수학적인 통계나 엑셀 등 명령만 내리면 내가 원하는 대로 즉시 단번에 만들어준다.

처음에는 사용법을 잘 몰라 단순한 자료 조사만을 의뢰해 보고 사용해 보았는데, 특히 통계 관련 자료를 찾을 때 시간을 절약할 수 있어 좋았다. 나 또한 AI 덕에 업무적으로 많은 도움을 받는 사람 중 하나다. 물론 학생들의 과제를 해주는 것은 물론이고 내가 원하는 그림을 그려달라고 하면 주문하는 대로 그려주기도 한다.

  얼마 전에는 일러스트를 얼마나 잘 표현할 수 있는지 테스트해 본 적이 있다. 그 결과 섬세하게 언어로 표현할수록 좀 더 원하는 것을 얻을 수 있다는 것을 알았다. 그뿐만이 아니다. 예전에는 철학관에 가서 물어봐야 할 사주팔자나 이름 짓기도 즉시 해준다.

  평소 역학에 대해 잘 알고 있는 터라 AI가 동양철학에 대해서도 얼마나 대답을 잘할 수 있을지 테스트해 보기로 했다. 가까운 사람들의 사주를 입력하고 결과를 엔터 치는 순간 철학관보다 빠르게 결과가 나왔다. 그 내용을 보면 큰 틀은 정확했지만, 세부적인 내용은 약간 빠져 있으며, 좀 더 정확한 것은 전문가의 의견을 참조하라는 멘트가 있었다. 또한 이름을 개명하거나, 신생아 이름 짓기를 할 때도 그 사람의 사주를 넣고 어떤 이름을 지어야 하는지를 물어보면, 성명학에 맞는 이름을 그 사람의 오행(목, 화, 토, 금, 수)에 맞게 지어주어 깜짝 놀랐다.

  AI 플랫폼은 잠잘 때의 꿈에 대해서도 정확한 해몽을 해주었는데, 그 꿈이 현실과 딱 맞아떨어져 나를 또 한 번 놀라게 했다.

얼마 전, 새벽 꿈속에 갑자기 소변이 마려운데 화장실이 없어 어떤 아무도 없는 조그만 창고에서 급히 볼일을 시원하게 보게 되며 잠에서 깼다. 예로부터 꿈속에 소변을 시원하게 보면 재물이 생긴다는 설이 있는데, AI에게 직접 물어보니, 내가 맡은 일이 잘 풀리며 큰 재물 운이 올 것을 암시한다고 답변했다.

당일 오후, AI의 해몽대로 갑자기 찾아온 손님으로 인해 큰돈이 들어올 일이 예기치 않게 생겼다. 참으로 신기하다는 생각이 들었다.

며칠 전에는 AI가 인간관계에 관한 상담도 효율적으로 할 수 있을지를 물어보았다. AI의 대답은 그 어느 전문 상담자 못지않게 객관적, 합리적인 생각을 할 수 있는 답을 명쾌하게 해주었다.

몇 가지 테스트를 통해 AI의 신속성과 편리성으로 우리 일상은 갈수록 편리해질 것은 확실하다는 생각이 든다. 특히 의료기술에 AI를 잘만 활용한다면 우리의 삶은 더 건강해질 수도 있을 것이다.

그러나, 앞으로 우리 사람들의 영역에 AI가 모든 일을 대신하게 되면 차츰 일자리를 잃을 사람들이 많아질 것이 한편으로는 우려되기도 한다.

AI와 인간이 공존하는 시대에서 우리는 무엇을 어떻게 해야 할까!

성묘하던 날

추석을 앞두고 막내 남동생과 함께 서산에 있는 선산에 성묘를 가게 되었다. 얼마 전까지만 해도 연로하신 아버지께서 수시로 찾아가 성묘하고 벌초까지 하셨지만, 이번에는 막내아들에게 다녀오라고 하셨다. 구순을 맞은 아버지의 건강이 예전 같지 않기 때문이다.

동생은 새벽 일찍 혼자 다녀오겠다고 했지만, 언니와 나는 걱정이 되었다. 선산이 좁은 숲길 정상 부근에 있어 이른 시간에 혼자 운전하고 가다가 무슨 일이 생길까 염려되어 내가 따라나섰다.

이 선산은 이십여 년 전, 풍수를 중시하시던 아버지께서 우리나라 유명한 지관과 함께 반년 동안 전국을 돌아다닌 끝에 고른 곳이다. 그때 박사학위를 준비하느라 바빴던 나를 운전사로 데려갔던 날 결정한 장소라, 나에게는 더욱 특별하게 기억되는 곳이기도 하다.

처음 본 선산은 작은 산 정상 부근에 나무들만 무성한 숲이었다. 아버지께서는 그동안 그곳을 가꾸고 매실나무와 꽃나무를 심으셨으며, 시간이 날 때마다 돌보셨다. 연세가 들고 마음이 허전할 때면 할아버지와 할머니 산소를 찾곤 하셨는데, 돌아가신 부모님을 통해 위로받고 싶은 마음이 아니었을까 싶다. 몇 해 전 어머니의 건강이 악화하면서부터는 어머니 대신 자식들과 함께 다녀오곤 하셨다.

 지난 오월, 아버지께서 갑자기 나에게 선산에 함께 가자고 하셨다. 그동안 애지중지 관리해 오신 선산 일부를 팔기로 하셨다는 것이다. 가족묘를 자식들이 관리하기 쉽게 한곳에 모아두었으니, 나머지는 팔아도 된다는 말씀이셨다. 묘역이 너무 넓으면 돌아가신 후 자식들이 관리하기 어려울까 염려되신 듯했다.

 동생과 함께 이른 새벽에 출발했지만, 고속도로는 이미 주차장을 방불케 했다. 평소보다 두 배의 시간이 걸려 선산 입구에 도착했을 때 예상치 못한 문제가 생겼다. 입구로 들어서는 길 한복판에 커다란 검은 개 한 마리가 버티고 앉아 있던 것이다. 그 개는 우리를 물끄러미 바라보기만 했고, 차가 가까이 가도 꼼짝하지 않았다. 경적을 울려도 반응이 없었다. 혹시 다친 것이 아닌가 싶어 차에서 내리려 했지만, 동생은 위험하니 가까이 가지 말라고 만류했다.

 그때 내 휴대 전화가 울렸다. '잘 도착했느냐'는 언니의 전화였다. 큰 개 때문에 입구를 막고 있다고 하니 언니는 개가 영물일 수 있다며 무슨 일이 있는지 잘 살펴보라고 했다. 숱하게 다녀갔던 길이지만, 이런 일은 처음이라 이상한 느낌이 들었다.

잠시 후 동생이 내게 떡을 달라고 하더니 차에서 내려 개에게 주려고 했다. 그런데 개는 떡을 먹지도 않고 마지못해 길을 내주었다. 입구를 지나 들어가자 평소 보지 못했던 승용차들이 좁은 길목에 빽빽하게 세워져 있었다. 모두 벌초와 성묘를 하러 온 사람들이었다. 오르막길에서도 여러 차례 다른 차와 마주쳐 고생했다. 여름 장마로 풀이 자라 길이 보이지 않아 더 혼란스러웠다.

겨우 꼬불거리는 풀숲을 헤치고 선산에 도착했을 때 또 한 번 놀랐다. 좁은 산길에 승용차들이 줄지어 서 있었다. 더 이상 앞으로 나아갈 수도, 후진할 수도 없는 상황이었다. 우리가 양도한 선산 일부를 산 사람들의 자손들이 벌초를 하러 먼저 와 있었던 것이다. 이전에는 우리 가족묘만 있었기에 주차를 신경 쓸 필요가 없었는데, 이제는 성묘하기 전에 주차 문제를 더 걱정하게 되었다. 급히 성묘를 마치고 차로 돌아왔지만, 어떻게 내려가야 할지 막막했다. 차주들에게 양해를 구한 끝에 겨우 차를 빼서 내려올 수 있었다.

산길을 거의 다 내려왔을 때, 아까 만났던 검은 개가 다시 그 길목에 앉아 있었다. 그런데 이번에는 차가 가까이 가자 순순히 비켜주며 마치 배웅이라도 하듯 우리를 바라보았다. 돌아가신 할아버지께서 검은 개를 통해 조심하라는 계시를 주신 것만 같았다.

  나는 다시 한번 경건한 마음으로 할아버지와 할머니의 명복을 빌었다.

전화혼선

대부분의 사람들은 휴대폰으로 통화할 때, 둘만의 세계에 빠져 개인정보를 무심코 드러내곤 한다. 하지만 이 편리한 기계도 사람의 손에서 만들어졌기 때문에 오작동이 일어날 때가 있다. 가끔은 누군가가 의도적으로 녹음하거나 도청 장치를 사용해 남의 통화를 엿보기도 한다. 이러한 무심코 나눈 대화들이 나중에 나를 곤경에 빠뜨릴 수도 있다. 게다가, 어떤 일이 생기면 내가 통화했던 내용을 통신사를 통해 인쇄할 수도 있는 세상이다.

대학 시절 여름 방학, 남자친구와 통화하던 중에 이상한 일이 발생했다. 갑자기 전화에서 이상한 '삐이이이' 소리가 나더니, 낯선 젊은 남자의 목소리가 들려왔다. 내가 누구냐고 묻자 그는 내 남자친구 집에 놀러 온 친구라고 말했다. 내가 친구를 바꿔 달라고 하자 그는 친구가 급히 화장실에 갔다며 잠시 기다리라는 것이다. 무슨 일이 그리 급했는지 의아했지만, 다른 사람에게 전화를 맡긴 것에 대해 불만을 표시하자 그는 나에게 사적인 질문을 하기 시작했다. 친구의 친구라는 말을 듣고 함부로 대할 수는 없었지만, 다시 친구를 바꿔 달라고 하니 사실은 본인이 친구도 아니고, 단순히 전화 혼선으로 나와 통화하게 되었노라는 것이다. 깜짝 놀라 전화를 끊고 다시 남자친구에게 전화를 걸자, 친구는 통화 중에 다른 일로 전화를 끊었다고 따졌다. 나는 전화 혼선으로 인해 생긴 일이라 설명하며 오해를 풀었다.

한 달 후, 또다시 비슷한 상황이 벌어졌다. 그날도 남자친구와 일상적인 통화를 하고 있었는데, 갑자기 '삐이이이' 소리와 함께 낯익은 젊은 남자의 목소리가 들려왔다. 내가 '여보세요'라고 하자 상대는 놀라며 '그때 통화했던 분 아니에요?'라고 물었다. 내가 왜 그런지 묻자, 상대는 벨이 울려서 전화를 받았으며, 혹시 내가 전화 교환원 아가씨가 아니냐고 물었다. 내가 아니라 답하자 그는 교환원이 장난치는 것이라고 생각하며 의아해했다.

참으로 신기한 일이었다. 어떻게 한 번도 아닌 두 번씩이나 같은 사람과 전화 혼선이 일어날 수 있는지 도무지 이해할 수 없었다. 그는 이 인연이 특별하다며 나를 만나보고 싶다고 했고, 본인을 소개했다. 그는 나와 동갑내기 K대 학생으로, 야구를 좋아하며 남자친구 근처에 살고 있었다. 고등학교 때는 보이스카웃을 했고 나는 걸스카웃을 했다는 것도 알게 되었다. 잠시 그의 이야기를 듣고 전화를 끊은 후 남자친구에게 신기한 상황을 설명했다. 남자친구도 별일이 다 있다며 의아해했다.

그 후 K로부터 가끔 전화가 왔다. 특히 그가 야구장에 다녀온 날에는 야구장 풍경을 진지하게 이야기해 주었다. 그는 여전히 나를 만나고 싶어했지만, 나는 남자친구가 있어서 그 제안을 거절했다. 몇 달 후, 우리 집이 이사하게 되어 전화번호가 바뀌었고, 그와의 전화 인연도 끝이 나게 되었다.

  그 해 우연히 길을 걷다가 작은 책 가판대에서 '리더스'라는 잡지 한 권을 사게 되었다. 그 잡지는 당시 지하철이나 버스에서 쉽게 읽을 수 있도록 알차게 꾸며진 것으로 유명했다. 우연히 그 잡지를 버스 안에서 읽다가 흥미로운 내용을 발견했다. 제2차 세계 대전 중, 한 군인이 전화를 하던 중 우연히 다른 지역의 낯선 젊은 여자와 전화 혼선이 일어난 실제 사례를 다룬 이야기였다. 나와 비슷한 상황이라 호기심에 읽어보니, 두 남녀는 전화 혼선으로 특별한 인연을 맺게 되었고, 전쟁 중 마음을 나누는 친구처럼 지내던 중 여자가 포격으로 사망하게 되었다는 안타까운 이야기였다. 전화 혼선이 나와 비슷하게 다른 곳에서도 발생할 수 있다는 사실에 새삼 놀라웠다.

  그 일이 있고 나서, 내가 중년이 되었을 무렵, 운전 중에 여자 친구에게 전화를 하게 되었다. 그런데 친구의 목소리는 들리지 않고 다른 사람들이 서로 대화하는 소리가 명확하게 들려왔다. 그들은 내가 듣고 있는지 모르는 듯, 개인적인 이야기들을 쏟아내고 있었다. 순간, 나도 저들처럼 남들과 개인적으로 중요한 이야기를 했던 것이 아닐까 하는 생각이 들었다.

 속담에 '낮말은 새가 듣고 밤말은 쥐가 듣는다'는 말이 떠올랐다. 전화를 할 때 더욱 조심해야겠다는 생각이 들었다.

이름 짓기

세상의 모든 존재는 저마다 고유한 이름을 가지고 있으며, 그 이름들은 각기 다양한 의미를 담고 있다. 특히, 아기가 세상에 태어나면 부모가 가장 먼저 하는 일이 아기에게 이름을 지어주는 것이다. 그 이름에는 아기가 건강하게 자라 남들보다 더 잘 살기를 바라는 부모의 마음이 담겨있다. 그러나 이름을 함부로 짓는다면, 오히려 이름을 짓지 않은 것만 못할 수 있다. 그만큼 아기의 이름을 짓는 일은 매우 신중해야 한다.

　얼마 전, 지난해 결혼한 질녀가 딸을 낳았다. 늦은 결혼으로 은근히 걱정되었지만, 산모와 아기가 모두 건강하니 다행이었다. 아기 이름을 미리 정해두었는지 물어보니 아직 짓지 못했고, 시아버지가 작명소에서 이름을 지어오기로 했다고 한다.

　나는 평소 사주와 성명학에 대해 어느 정도 알고 있었기에, 역학프로그램을 통해 아기의 사주를 간단히 살펴보았다. 비록 신생아지만 예쁘고 패션 감각이 뛰어나며 성격도 좋고 재물운도 있는 아기였다. 다만 사주에 물이 부족했기에, 이름에 물을 의미하는 한자를 넣으면 도움이 될 것 같았다.

　질녀의 시아버지가 좋은 이름을 지어오시겠지만, 이모로

서 나도 질 손녀에게 좋은 이름을 지어주고 싶었다. 하지만 짧은 시간 안에 이름을 짓는 일은 쉽지 않았다. 아무것도 모르는 사람이었다면 그저 예쁜 이름을 골랐겠지만, '아는 것이 병'이라더니, 나는 쉽게 이름을 지을 수 없었다.

질녀에게 원하는 이름이 있는지 물어보니 '가은'과 '다은'을 선호한다고 했다. 그러나 아빠의 성을 넣었을 때, 이름의 소리 오행(한글로 부르는 소리)과 수리 오행(한자의 획수), 삼원 오행 등이 맞지 않았다. 결국 시아버지가 몇 가지 이름을 지어 오면 그중에서 가장 좋은 것을 선택하는 데 도움을 주기로 했다.

며칠 후, 언니가 전화를 걸어왔다. 질녀의 시아버지가 이름 네 가지를 지어왔는데, 어떤 것이 가장 좋은지 물었다. 모두 나름 잘 지은 이름들이었지만, 첫 번째 이름이 가장 나아 보였다. 작명소에서도 첫 번째 이름이 제일 좋다고 했다고 한다. 그 이름에는 내가 생각한 대로 물을 의미하는 한자가 포함되어 있었고, 동시에 '큰 복'을 의미하기도 했다.

아기의 이름을 결정하고 나니 큰 숙제를 마친 듯한 기분이 들었다. 문득 딸의 이름을 지었을 때가 떠올랐다. 엄마, 아빠의 이름에서 공통된 글자와 친할머니 이름의 끝 글자를 넣어 지은 이름이었는데, 그때는 잘된 선택이었는지 궁금해졌다. 내가 가지고 있는 AI 성명학 프로그램을 통해 살펴보니, 그 당시 이름을 지을 때 잘 알지도 못한 채 지은 것 치고는 '금, 은, 동'으로 평가하면 '동' 정도는 되는 이름이었다. 같은 음이지만 뜻이 다른 한문 글자로 한 글자만 바꾸면 지금보다 더 나을 것 같았다.

딸에게 조심스럽게 "이름의 한 글자만 한문을 바꾸면 어떨까?"라고 물어보니, 딸은 의외로 긍정적인 반응을 보이며 어떻게 하면 되는지를 물었다. 딸이 살아갈 날이 아직 많이 남았으니, 더 좋은 의미로 바꿀 수 있다면 더 늦기 전에 바꾸는 것도 괜찮을 것 같다는 생각이 들었다.

얼마 전, 어린 시절 내 이름 두 개에 대해 친정아버지께 각각 누가 지은 것인지 여쭤봤다. 그중 하나는 부모님의 이름에서 한 글자씩 따서 지은 것이었고, 지금의 이름은 작명가가 지어주었다고 한다. 어릴 때 두 이름 중 지금의 이름이 더 편하고 좋았던 이유가 있었다. 역시 전문가가 나에게 맞는 옷을 골라준 것처럼, 모든 면에서 잘 어우러지는 이름이었던 것이다. 반면에 부모님이 단순히 지었던 이름은 내게 맞지 않는 옷처럼 불편하게 느껴졌는데, 알고 보니 내 오행과 맞지 않았던 것이다.

이름은 한 사람의 인생을 좌우할 수 있을 만큼 중요한 것이다. 한 번 지어지면 바꾸기가 쉽지 않기에, 이름을 짓는 일은 더욱 신중해야 하지 않을까.

어떤 이별

세상에 영원한 것은 하나도 없다. 우리는 늘 만남과 이별을 반복하며 살아간다. 만남은 기쁨을 주지만, 이별은 늘 마음에 아픔을 남긴다. 그러나 신은 우리에게 세월 속에서 잊고 살아갈 수 있는 망각이라는 치료 약을 주었다.

얼마 전, TV 프로그램 '동물농장'에서 인명 구조견 '소백이'의 이야기가 방영되었다. 8년 동안 각종 재난 현장에서 많은 사람을 구조한 소백이가 이제 나이가 들어 은퇴한다는 내용이었다. 듬직한 모습에, 형편만 되면 저런 개를 한 마리 키우고 싶다는 생각이 들었다. 소백이는 마지막 하루를 구조대원과 함께 보내고, 일반인에게 입양되어 편안한 여생을 보낼 것으로 기대되었으나, 얼마 지나지 않아 '림프 5기'라는 암으로 무지개다리를 건넜다고 한다.

해피엔딩으로 끝날 줄 알았던 이야기가 예상외로 슬프게 끝나서 마음이 아팠다. 특히 소백이가 생을 마감한 날이 하필 1월 25일이라는 사실에 깜짝 놀랐다. 그날은 내게도 잊을 수 없는 특별한 사건이 있었던 날이기 때문이다.

유난히 추웠던 겨울 아침, 평소처럼 사무실에 일찍 나와 '타로카드'로 하루의 운세를 보았다. 타로는 흥미가 있어 배우는 중인데, 아침마다 카드로 하루의 일진을 살펴보면 신기하게도 잘 맞아떨어져서 흥미로웠다. 그날도 세 장의 카드를 뽑았는데, 그림이 무언가 불길한 느낌을 주었다. 해석을 보니 슬픔과 이별을 상징하는 카드였다. 의아해하고 있을 때, 딸로부터 전화가 왔다. "엄마! 큰일 났어"라는 말을 하며 딸이 울먹였다. 혹시 어린 손녀에게 무슨 일이 생긴 줄 알고 깜짝 놀라 물었더니, 조금 전까지 멀쩡하던 반려견 '리샤'가 갑자기 쓰러져 숨을 쉬지 않는다는 것이었다. 순간 손녀의 일은 아니어서 안도했지만, 마음을 다잡고 동물병원으로 가보라고 했다.

잠시 후, 딸이 다시 전화를 걸어왔다. 병원에 도착해서 심폐소생을 시도했으나 끝내 리샤는 하늘나라로 갔다는 소식이었다. 손녀는 어린이집에 보냈느냐고 물으니 시간이 없어 병원에 데려왔다며 딸이 계속 울고 있었다. 아무래도 마음이 놓이지 않아 차를 몰고 동물병원으로 달려갔다.

딸은 조그만 대기실에서 울고 있었다. 그 옆에는 축 늘어진 반려견 '리샤'가 작은 상자 안에 누워 있고 어린 손녀는 울고 있는 엄마의 모습에 놀란 듯 어리둥절한 모습으로 앉아있었다. 일단 딸을 위로하며 아이부터 어린이집에 보내고 나서, 리샤 문제를 논하자고 했다.

딸과 함께 아이를 어린이집에 등원시킨 후 반려견 장례를 인터넷으로 알아보았다. 곧이어 펫 장례서비스를 한다는 담당자가 왔다. 그의 차에 리샤의 사체를 싣고 서울 근교 펫 장례식장으로 갔다. 우리처럼 반려견을 잃은 사람들이 저마다 슬픈 모습으로 앉아 있었다.

담당자가 오더니 장례에 들어가는 절차와 비용을 안내해 주었다. 곧이어 작은 추도 실에서 사람처럼 장례지도사가 리샤의 몸을 소독하고 한지로 감싸 염습을 하더니 잠시 추도를 할 수 있도록 배려해 주었다. 마지막 순서로 옆방에 마련된 화장로 속에 밀어 넣은 작은 오동나무 관에서 불꽃이 피어올랐다. 사람을 화장하는 순서와 똑같았다. 딸의 오열에 나도 눈물이 났다.

그동안 나와 딸이 몇 마리의 반려견을 키웠지만, 이번만큼은 남달랐다. 예전에는 바쁘게 사느라 끝까지 키우지 못하고 다른 곳에 입양 보내거나 교통사고로 두 번이나 잃기도 했다. 당시에는 딸이 중학생 때 일이라 마침 학교 간 딸이 돌아오면 충격받을까 싶어 몰래 뒷산에 묻어주고 나중에 알려주었지만, 지금의 리샤는 특별했다. 몰티즈 미니종으로 새끼 때부터 딸이 10년 동안 애지중지 키워온 데다 평소 리샤가 피부병으로 고생해서 더 많은 신경을 써왔기 때문이다.

그날 장례가 모두 끝나고 담당자가 리샤의 사진과 함께 유골함을 갖다 주었다. 사진 속에는 작은 몇 개의 반짝이는 구슬이 들어있었다. 언젠가는 리샤가 우리 곁을 떠날 거라는 생각에 미리 찍어두었던 생후 한 살 때의 사진이다.

집으로 돌아오는 내내 딸은 아무 말도 없이 차창 밖을 내다보며 울고 있었다. 순간 그동안 리샤와 있었던 많은 일들이 떠올랐다. 처음 딸이 리샤를 데려와 나 몰래 제 방안에서 키우다 들킨 일, 너무 작고 귀여워서 인형인줄 알았던 일, 한밤중에 갑자기 산통이 와서 응급실로 달려가 수컷 강아지 한 마리를 출산한 일, 산책이라면 팔짝팔짝 뛰며 열심히 주인만 따라다니던 일이 주마등처럼 떠올라 가슴이 아팠다. 한 번도 사람을 귀찮게 한 적이 없는 귀여운 가족이었다.

어린이집에서 손녀를 데리고 집에 들어오자 아무것도 모르는 리샤의 유일한 혈통인 수컷 로웰이 달려와 반긴다. 왠지 모르게 엄마 잃은 로웰이 가엽게 느껴졌다.

그날 저녁 고생 없이 떠난 리샤가 차라리 다행이라며 딸을 위로했다. 반려동물과의 이별도 이렇게 아픔을 주는데 '사랑하는 사람과의 이별은 얼마나 힘들까 생각하니 이제는 이별하는 것도 연습이 필요하다는 생각이 든다.

회자정리會者定離 라는 말이 생각난다. 만나면 언젠가는 헤어져야만 하는 것이 세상의 이치다. 주어진 오늘 하루 모든 것을 사랑하며 살아야겠다.

4부

스마트 알파 세대

특별한 추억

이른 아침 북소리로 전하는 마음

또 한 해, 새로운 도전

엄마의 사랑은 묘약

개구리알

스마트 알파 세대

자석 궁합

여름휴가

특별한 추억

해마다 연말이 다가오면 사람들은 한 해를 잘 마무리하기 위해 다양한 이벤트를 계획한다. 각종 매체에서는 여러 시상식, 모임, 여행, 선물 등으로 사람들의 마음을 설레게 만든다. 그래서일까? 나 역시 갑자기 여행이라도 떠나고 싶다는 생각이 들었지만, 맡은 일들이 많아 쉽게 실행에 옮기지는 못한다.

지난 연말, 문득 가을에 우연히 분양받은 강원도 소재의 유명 호텔 회원권이 떠올랐다. 딸네 가족과 함께 한 해가 가기 전에 한번 가보면 좋겠다는 생각이 들었다. 그러나 어린 손녀가 있어 먼 거리는 어려울 것 같아, 가까운 곳을 찾으려 했지만 대부분 3시간 이상의 거리였다. 그나마 갈 만한 곳은 대부분 강원도 쪽이었는데, 12월이면 눈이 올 수 있어 안전 운전이 걱정되었다.

며칠 동안 인터넷을 통해 전국 체인점을 찾아보았지만, 손녀가 아직 어리니 다음 해 따뜻한 날에 가는 것이 좋겠다고 생각했고, 가까운 곳에서 1박이라도 즐길 수 있는 곳을 알아보기로 했다.

얼마 전 딸이 어린 손녀를 데리고 다른 아기 엄마들과 함께 롯데월드에 다녀온 일이 떠올랐다. 당시 나는 27개월 된 어린아이를 데리고 가는 것을 만류했지만, 아이는 온종일 놀다가 저녁에 사위가 퇴근하여 함께 집에 가려 하자 더 놀겠다고 발버둥을 치며 울었다고 한다. 평소 낮잠을 꼭 자는 아이가 너무 재미있어서 낮잠도 잊고 집으로 돌아오는 길 내내 울었다고 했다.

이번에는 아이에게 엄마, 아빠와 함께하는 특별한 추억을 만들어주고 싶다는 생각이 들었다. 그래서 롯데월드 호텔을 알아보고, 한 해를 마무리하는 마지막 날에 1박을 예약했다. 가격은 다른 곳에 비해 비쌌지만, 아이가 좋아하는 놀이시설이 많고 숙박 시설이 바로 옆에 있어 편리할 것 같았다. 호텔 체크인 전에 놀이시설을 먼저 이용하는 것이 더욱 효과적일 것 같았다.

드디어 딸네 가족과 함께 롯데월드로 가는 날, 생각지 못한 문제가 생겼다. 건강하던 딸이 일주일 내내 배앓이를 하며 잘 먹지도 못했고, 전날 위내시경을 찍고 왔다는 것이었다. 당일에도 속이 안 좋아 잘 먹지 못하자 걱정이 되었지만, 딸은 많이 회복되어 괜찮다며 갈 수 있다고 했다. 게다가 아침부터 함박눈이 내려 자동차 운전도 걱정되었지만, 딸이 가까우니 괜찮다고 하여 롯데월드로 향했다.

다행히 눈이 내린 탓에 사람들이 평소보다 적어 놀이시설 앞에 줄을 서지 않아 좋았다. 손녀는 호기심 어린 눈빛으로 주변을 바라보며 웃음이 가득했다. 딸 내외와 나는 손녀의 행복한 모습을 보며 시간 가는 줄 몰랐다.

롯데월드는 내가 유치원을 운영할 때 여러차례 아이들을 데리고 왔던 곳이자, 딸이 사춘기 시절 유명 드라마 촬영지라며 직접 보고 싶어 함께 방문했던 추억이 있는 곳이었다. 오랜만에 다시 가니 많이 바뀐 분위기가 새로웠다.

오후 두 시쯤 퍼레이드가 시작되자, 손녀의 눈빛은 더욱 반짝였다. 당일 퍼레이드는 특별한 산타 테마로, 하늘에서 인공눈이 내리고 멋진 불꽃과 함께 다양한 산타 복장을 한 사람들이 멋진 음악과 춤으로 관객들의 마음을 사로잡았다. 모두가 어린아이처럼 동화 속 나라에 들어간 듯한 기분이 들었다.

퍼레이드가 끝나고 우리는 마지막으로 손녀와 함께 하늘로 가는 기차를 타고 롯데월드 전체를 둘러보았다. 손녀는 신이 나서 "하나도 안 졸려요!"를 외치며 모두를 웃게 만들었다.

호텔에 들어오자마자, 우리는 모두 손녀와 함께 깊은 낮잠에 빠졌다. 오랜만에 아이와 함께 돌아다니느라 피로가 몰려온 것이다. 사실 딸이 아파서 손녀를 돌봐주느라 전날 밤 잠을 설친 데다, 손녀가 새벽 여섯 시에 일어났기 때문이기도 했다.

저녁 무렵, 롯데백화점에서 저녁을 먹고, 호텔에 있는 키즈존에서 물놀이하며 시간을 보냈다. 29개월 된 손녀는 침대에서 "아, 좋다!"를 외치며 뒹굴다가 갑자기 나에게 다가와 볼에 뽀뽀했다. 아이의 천진난만한 모습이 너무 사랑스러워 꼭 안아주며 '이것이야말로 행복이구나'라는 생각이 들었다.

밤이 되어 아이를 재우려 불을 끄고 잔잔한 음악을 틀자, 딸이 내게 아이를 재우는 동안 자신들은 놀이동산에 가서 88 열차나 바이킹을 타고 오겠다고 제안했다. 나는 그 제안을 수락했고, 딸 내외는 마치 어린아이처럼 신나서 놀이동산으로 다시 갔다. 아침에 아프다고 하던 딸이 온종일 아픈 기색 없이 아이와 놀았다는 것을 깨닫고 문득 미소가 지어졌다.

다음 날 아침, 평소 아침을 거르던 딸 내외와 손녀는 모처럼 맛있게 아침을 먹었다. 손녀를 데리고 마지막으로 키즈존을 다시 찾았을 때, 손녀는 신나게 놀며 즐거운 시간을 보냈다. 집으로 돌아오는 길에 손녀는 어느새 곤히 잠들었다.

그날 저녁, 딸로부터 "꿈같은 1박 2일이었다"는 카톡이 왔다. 딸도 그동안 업무와 집안일, 그리고 아이 돌보기에 지쳐

스트레스가 쌓였던 것 같다. 즐거운 마음이 그녀의 건강을 되찾게 해주었다.
　사람들이 늘 선망하는 행복이 사실 우리 곁에 가까이 있음을 새삼 깨닫게 되었다.

이른 아침 북소리로 전하는 마음

이른 새벽 5시, 알람 소리에 눈을 떴다. 오늘은 서울의 한 사찰에서 특별행사를 맞아 동호인 다섯 명과 함께 식전 행사로 난타 공연을 하기로 했다. 그곳은 난타를 가르치는 선생님이 평소 다니던 절로, 주지 스님이 난타 공연을 좋아해 특별히 요청하셨기 때문이다.

공연 분장을 위해 새벽 여섯 시에 집을 나섰다. 이른 아침이라 도로는 비교적 한가했다. 메이크업 샵에서 준비를 마친 후 행사장에 도착하니, 그곳은 주택가 끝 작은 산 밑에 있는 아담한 절이었다.

이른 아침인데도 불구하고, 입구에서는 손님맞이를 준비하느라 많은 분이 바삐 움직이고 있었다. 건물 뒤편에서는 여러 보살이 다양한 음식을 준비하느라 바빴고, 다른 한쪽에서는 합창단들이 고운 한복을 갈아입고 연습 중이었다. 우리 일행도 곧 공연복으로 갈아입고 절 마당 한복판에 마련된 무대 앞으로 갔다.

그곳에는 그날의 행사를 알리는 커다란 현수막과 함께 부처님 석상 앞 단상 위에 과일과 떡이 먹음직스럽게 차려져 있었다. 마당에는 손님들을 위해 많은 의자가 준비되어 있었고, 여름 햇빛을 막기 위해 커다란 천막도 설치되어 있었다. 우리 일행은 손님들이 오기 전에 간단히 리허설을 했다.

무대가 객석 바로 앞이라 공간이 넉넉하지는 않았지만 다섯 명이 공연하기에는 적당했다.

오전 10시쯤 되자 객석은 손님들로 가득 찼고, 스리랑카, 태국, 캄보디아 등 다른 나라에서 온 큰 스님들도 많이 보였다. 행사가 시작되자 사회자가 우리 일행을 먼저 소개했다. 객석에 있는 많은 사람이 호기심 가득한 눈빛으로 우리를 주시했다.

음악 소리가 울려 퍼지자 많은 사람이 휴대폰으로 공연 팀의 동작을 촬영하기 시작했다. 다섯 명이 치는 열 개의 큰 북소리가 조용한 절과 주택가에 울려 퍼졌다.

공연 시간은 비록 10분밖에 되지 않았지만, 객석에 있는 많은 분과 잠시나마 하나가 될 수 있었다. 공연이 끝나자 많은 사람의 박수갈채가 쏟아졌고, 무대를 내려왔을 때는 오전이었는데도 불구하고 뜨거운 여름 햇살에 온몸이 땀으로 흠뻑 젖어 있었다.

우리 일행의 순서가 끝나자 이십여 명의 합창단이 축하 노래를 불렀다. 대부분이 나이가 지긋하신 분들이었다. 객석에도 나이가 많은 분들이 대부분이었다.

예전에는 젊은 사람들이 종교 생활을 많이 했지만, 최근에는 개인의 생활이 바빠지고 경제활동도 어려워 예전 같지 않음을 느꼈다. 우리 일행은 공연을 끝내고 조용히 그곳을 빠져나왔다.

난타는 사무실 근처 주민 센터를 방문했다가 우연히 주민을 위한 다양한 프로그램 안내문을 보고 운동 삼아 배우게 된 것이다. 처음에는 그 많은 동작을 언제 따라갈 수 있을까 했지만, 약 일 년 반이 지나면서 자연스럽게 내 몸에 익숙해졌다.

이른 아침부터 서둘러 공연 준비를 하느라 힘들었지만, 내 작은 재주가 누군가를 즐겁게 해줄 수 있다는 것은 매우 보람 있는 일이었다.

또 한 해, 새로운 도전

어느새 또 한 해가 밝았다. 어릴 적에는 한 달이 마치 일 년처럼 느껴져 지루했는데, 갈수록 시간이 더 빠르게 흐르는 것을 실감한다. 옛 어른들이 하시던 "나이를 먹을수록 인생의 시계는 빨라진다"라는 말씀이 이제야 와닿는다.

전 세계를 강타한 '코로나19'로 인해 모든 활동이 멈추었던 시절이 있었다. 하지만 지난해부터 내 안에 잠재되어 있던 열정이 다시 서서히 되살아나는 것을 느꼈다. 이제는 100세 시대를 대비해, 젊을 때부터 나를 위한 준비를 해야겠다는 생각이 들었다. 젊은 시절에는 아이를 키우고, 돈을 버느라 바빴지만, 이제부터는 건강을 위해 힐링하는 삶을 살아야겠다고 결심했다.

지난해 겨울, 사무실 근처에 있는 주민 센터를 우연히 방문했을 때, 평생교육 프로그램을 알리는 현수막이 눈에 들어왔다. 문인화와 난타가 눈길을 끌었다. 그동안 하고 싶었지만, 시간과 장소가 맞지 않아 시도하지 못했던 일들이었다. 가까운 곳에서 할 수 있다는 사실이 마음에 들어 곧바로 등록했다.

처음에는 내가 언제쯤 남들처럼 잘할 수 있을까 막막했지만, 일주일에 한 번씩 꾸준히 하다 보니 어느새 실력이 조금씩 늘었다. 얼마 전에는 지역 문화축제에서 공연까지 하게 되었다. 그날 축제에는 나이 지긋한 분들이 가야금, 댄스, 한국무용, 만돌린, 드럼 등을 공연했는데, 생각보다 훨씬 잘해서 깜짝 놀랐다.

특히 난타는 전통 북의 신나는 리듬과 함께 온몸을 사용하는 운동이라 매력적이었다. 다만, 큰 소리 때문에 집에서는 마음 놓고 연습할 수 없는 것이 아쉬웠다. 반면 문인화는 조용하고 정적이어서 언제든지 혼자 할 수 있어 좋았다.

최근에는 좀 더 멋진 문인화 작품을 만들기 위해 평소 알고 지내던 서예 국전 작가에게 한글 흘림체를 배우기 시작했다. 학창 시절부터 결혼 전까지 서예를 해본 경험이 있었지만, 오랜만에 붓을 잡아보니 초보자나 다름없었다. 하지만 붓을 잡고 있는 동안 마음이 편안해지고 잡념이 사라져 그 자체만으로도 힐링이 되었다.

저녁 식사 후에는 TV를 보는 대신 문인화와 서예를 연습하면서 시간이 어떻게 가는지 모를 정도로 지루할 틈이 없다.

며칠 전, 우연히 유튜브에서 어린아이가 드럼을 잘 치는 영상을 보고 깜짝 놀랐다. 그곳에는 아이들뿐만 아니라 남녀노소 할 것 없이 다양한 연령층이 드럼을 연주하는 모습이 담겨 있었다. 예전에는 드럼이 남성들의 전유물이었지만, 요즘은 많은 사람이 배우고 즐기는 악기 중 하나가 되었다. 나 역시 젊은 시절부터 꼭 해보고 싶던 악기였다.

문득 더 늦기 전에 드럼을 배워보고 싶다는 생각이 들어 직장 근처에 있는 성인학원을 알아보았다. 때마침 가까운 곳에 1:1로 드럼을 배울 수 있는 작은 학원이 있어 곧바로 등록했다. 주 1회 레슨을 받고, 주 3회는 내가 원하는 시간대에 연습할 수 있어 좋았다. 그곳에는 젊은 아가씨들이 베이스 기타와 드럼을 배우고 있었다. 처음 접해본 드럼은 생각했던 대로 재미있었고, 시간 가는 줄을 몰랐다.

드럼은 눈으로 악보를 보고 귀로 음악을 들으며, 박자에 맞춰 양손과 양발을 사용하는 악기라서 완전히 오감과 온몸을 사용하는 운동이었다. 게다가 신나는 리듬에 맞춰 북을 치다 보면 기분이 절로 좋아졌다. 그뿐만 아니라 드럼을 치고 나면 얼굴에 주름까지 리프팅 되는 미용 효과도 덤으로 얻었다. 그야말로 일 석 삼조였다.

세월의 강물에 속절없이 떠내려가는 인생 속에서, 하루를 살아도 마음이 즐겁고 몸이 건강한 것이 무엇보다 소중한 자산이 아닐까 싶다.

엄마의 사랑은 묘약

아이를 낳고 좋은 부모가 되는 것은 누구나 바라는 일이지만, 현실은 그리 쉽지 않다. 자녀는 어릴 때부터 부모의 반응에 따라 성장의 방향이 달라질 수 있다. 부모는 자신이 잘해주면 자녀가 모든 면에서 잘할 것으로 생각하지만, 자녀가 부모에 대해 느끼는 감정은 때로 다를 수 있다.

얼마 전, 결혼한 딸이 만 세 살 손녀 때문에 고민이 있다며 전화해 왔다. 사연인즉, 최근 어린이집에서 손녀가 친구들을 때리고 무는 등 공격적인 행동을 여러 차례 보여 담임 선생님으로부터 전화를 받았다는 것이다. 불과 한 달 전만 해도 친구들을 좋아하고 사교적이던 아이가 갑자기 2주 전부터 달라졌고, 선생님 말씀도 잘 듣지 않으며 소리를 지르기까지 한다고 한다. 딸은 아이의 갑작스러운 변화에 당황하며, 놀이치료실에서 상담받고 왔다고 한다.

작년에는 손녀가 어린이집에서 다른 아이들에게 여러 번 물려와 속상해했던 일이 있었는데, 이번에는 반대로 손녀가 다른 아이에게 가해했다는 소식을 듣고 걱정이 되었다. 딸은 손녀에게 어린이집에 갈 때마다 친구들과 잘 지내라고 당부하지만, 아이는 어리기 때문에 매번 약속을 잊고 같은 행동을 반복한다고 한다.

아이의 행동 변화는 갑자기 생긴 것이 아닐 수 있다는 생각이 들었다. 부모가 미처 깨닫지 못한 이유가 있을 거라고 여겨졌다. 그리고 보니 최근 딸이 많이 수척해지고 식사도 제대로 못 한다는 사실이 떠올랐다. 딸은 피곤해서 아이와 잘 놀아주지 못하고 짜증을 낸 적이 몇 번 있었다고 했다. 최근 아이가 엄마에게 유난히 집착하는 것도 그와 관련이 있을 것 같았다.

아마도 아이는 엄마에 대한 신뢰가 약해지면서 불안감을 느꼈을 가능성이 있다. 딸에게는 우선 건강검진을 받고 음식을 잘 챙겨 먹으라고 당부했다. 그리고 아이보다 먼저 일어나 아침밥을 꼭 챙겨 주고, 어린이집에서 돌아오면 일을 줄여서라도 아이와 눈높이에 맞춘 놀이를 하라고 조언했다.

딸은 아이와 함께 놀아주고 밤에도 함께 시간을 보내며 노력을 기울였지만, 아이는 쉽게 변하지 않았다. 이는 당연한 일이다. 아이가 서서히 쌓인 부정적인 경험을 한 번에 치유하기는 어렵기 때문에 시간이 필요하다.

딸은 놀이치료를 고려해보자는 생각을 내게 털어놓았다. 인터넷에서 몇 군데 놀이치료 센터나 아동 상담센터를 찾아보니, 손녀와 비슷한 고민을 가진 또래 엄마들이 많다는 것을 알게 되었다. 예전에는 '미운 일곱 살'이라 했지만, 요즘 아이들은 더 빨리 성장하며 만 세 돌에 나타나는 일반적인 현상임도 알았다.

딸은 아이의 어린이집을 옮겨볼까 고민하며 다른 어린이집 상담을 받았지만, 그것이 근본적인 해결책이 될 수 없을 것 같았다. 마침 어린이집에서 어머니 도우미를 모집한다는 공지를 보고 딸이 자원했다. 이는 아이와 엄마 모두에게 좋은 기회가 될 것 같았다.

며칠 전, 딸이 손녀 문제로 스트레스를 받아 식욕도 없고 몸도 아프며 우울감까지 느낀다고 전화로 호소했다. 이에 나는 비상 대책이 필요하다고 생각했고, 문득 예전에 유치원을 운영할 때 아이들의 생활 습관을 고쳐주기 위해 인형극을 해주었던 기억이 떠올랐다. 아이들은 어른들의 말보다 인형을 통해 전달하면 더 잘 받아들이는 경향이 있기 때문이다.

생각이 나자마자 즉시 온라인 쇼핑몰에서 손 인형과 막대 인형 등을 주문해 딸의 집으로 보냈다. 인형들은 다음 날 배송되었고, 내가 직접 가서 인형극을 해주겠다고 약속했다.

다음 날, 딸의 집 근처 쇼핑센터에서 가족 식사를 하고 인형을 담을 바구니도 몇 개 샀다. 마침 그곳에서 아이들을 위한 아동극이 있어서 잠시 보여주었더니 손녀가 무척 흥미롭게 지켜보았다.

저녁 무렵, 드디어 손녀에게 인형극을 보여주기로 했다. 빈 상자를 이용해 급히 TV 화면처럼 인형극 무대를 만들고, 손 인형과 동물 막대 인형을 사용해 어린이집에서의 손녀 일상을 극으로 표현해 주었다. 이야기가 진행되자 손녀는 매우 진지한 표정을 지으며, 자신의 이야기와 비슷하다는 것을 알아차린 듯 가끔 엄마를 힐끗 보며 머쓱해했다.

이야기는 꿀벌 친구가 다른 동물 친구들을 밀치고 때리고 물어서 친구들이 떠나가 버린 후, 외로워진 꿀벌이 친구들에게 사과하고 다시 잘 지내게 되는 내용이었다. 인형극은 약 10분 정도였지만 손녀에게 큰 효과가 있었다. 인형극이 끝나고 손녀에게 손 인형을 주며 가족들에게 직접 인형극을 해보라고 했더니, 손녀는 금방 본 것을 똑같이 따라 했고 그 모습에 모두 한바탕 웃었다.

이후 손녀는 인형과 약속한 것처럼 친구들과 잘 지내기로 다짐했다. 딸도 아이에게 더 많은 관심을 기울이겠다고 약속했다. 이 세상에서 엄마의 사랑만큼 강력한 치유제는 없다는 것을 다시 한번 깨달았다.

개구리알

푸른 산은 언제나 우리에게 신선한 공기와 활력을 제공한다. 특히 도심 속에서 가까운 산을 산책할 수 있다는 것은 큰 혜택이다.

　십여 년 전, 나는 매주 산악회를 따라 전국의 유명한 산을 다니곤 했다. 그 당시에는 산을 오르거나 하루 종일 걷는 것도 전혀 힘들지 않았다. 그러나 최근 바쁘다는 이유로 산에 갈 기회가 줄어들면서, 운동량이 적어졌고, 이제는 계단을 조금만 올라가도 숨이 차다. 건강이 점점 염려되기 시작했고, 예전처럼 오랜 산행은 아니지만, 가벼운 산책이라도 해야겠다는 생각이 들었다.

　마침 내가 근무하는 사무실 근처에는 관악산과 관음사라는 절이 있었다. 점심 식사 후 절까지 올라갔다가 둘레길로 내려오면 약 30분이 걸릴 것 같아 딱 알맞은 운동이 될 것으로 생각되었다.

　무엇이든지 마음먹자마자 즉시 행동에 옮기는 것이 좋다고 생각하여, 동료 A와 점심 식사 후 관악산 둘레길을 걷기로 했다. A는 원래 운동을 좋아하는 사람이라, 나의 제안을 흔쾌히 수락했고, 나보다 훨씬 쉽게 산을 올랐다.

　처음에는 산기슭만 가도 힘들어서 몇 번을 되돌아오곤 했다. 그때마다 A는 조금만 더 올라가자고 나를 격려했고, 그 덕분에 어느새 둘레길을 40분에서 25분으로 단축할 수 있었다.

올해 이른 봄, 관악산 기슭을 오르며 새봄을 알리는 꽃들과 개울가를 흐르는 물을 보면서 문득 개구리알이 생각났다. 동면에서 깨어난 개구리가 알을 낳았을 것 같았다. 우리는 둘레길을 따라 올라갔다 내려오면서 조심스럽게 작은 웅덩이들을 살펴보았다. 언젠가 초봄에 산을 오르다가 그런 곳에서 개구리알을 본 적이 있었기 때문이다. 그러던 중, A가 갑자기 소리쳤다.

"여기 있어요!"

반가운 마음에 달려가 보니, 그곳은 관악산 개울가 위쪽 작은 웅덩이였다. 그곳에는 투명한 막에 둘러싸인 까만 점들이 가득 모여 있었다. 그것이 바로 개구리알이었다. 그 옆에는 마치 투명한 도넛처럼 생긴 도롱뇽알도 있었다. 개구리알도 놀라웠지만, 도롱뇽알을 가까이서 본 것은 처음이라 더욱 신기했다.

개구리알은 예전에 내가 유치원이나 어린이집을 운영할 때, 아이들의 체험 학습의 일환으로 여러 번 길러 본 적이 있었다. 그때는 학부모나 선생님이 근처 산에서 채취해 오곤 했지만, 아파트가 많아지고 도시화가 진행되면서 개구리알을 자연에서 채취하는 그것이 점점 어려워졌다. 그러다 보니 일부 상인들이 개구리알을 채취해 학교 앞 문구점에서 판매하기도 했다. 아이들은 개구리알에서 올챙이가 되고, 다시 개구리가 되는 과정을 매일 지켜보며 신기해했다. 어른인 내가 봐도 신기한 일인데, 아이들은 얼마나 더 놀라웠을까!

 십여 년 전, 어린이집을 마지막으로 정리한 후로는 개구리알을 볼 일이 없었다. 오랜만에 개구리알을 보니 마치 동심으로 돌아간 듯한 기분이 들었다. 산책을 힘들어하던 내가 그날부터 매일 그 물웅덩이를 찾아갔고, 갈 때마다 까만 점들은 더욱 선명해졌다.

 며칠 후, 주말을 보내고 월요일에 다시 웅덩이를 찾았을 때, 작은 올챙이들이 꼬리를 살랑거리며 물속에서 헤엄치고 있었다. 나도 모르게 얼굴에 미소가 번졌다. 작은 생명들이 살아 움직이는 것이 정말 신기했다. 아직 알에서 깨어나지 못한 것들도 있었고, 어떤 것들은 아래 웅덩이로 떠밀려 내려가기도 했다.

 봄비가 내리던 날, 며칠 동안 산에 가지 못하다가 비가 그친 후 제일 먼저 웅덩이를 찾아보았다. 어느새 뒷다리가 나온 올챙이들이 여러 마리 보였다. 몸집도 조금씩 커지는 것이 눈에 띄게 느껴졌다. 그렇게 나의 개구리알과 올챙이에 대한 관심은 매일 이어졌다.

어느 날은 마치 장마처럼 굵은 빗줄기가 며칠 동안 내렸다. 순간 물웅덩이에 있던 올챙이들이 걱정되었다. 작은 올챙이들이 개구리가 되기도 전 물에 휩쓸려 내려가면 어쩌나 하는 생각이 들었기 때문이다.

드디어 비가 그치자, 동료 A와 함께 물웅덩이를 찾았다. 올챙이들은 다행히도 빗속에서도 떠내려가지 않고, 어느새 앞다리도 나오고 꼬리도 조금만 남아 개구리가 될 준비를 하고 있었다. 그러나 일부 올챙이들은 아직 성장이 느렸다.

아이들이 성장하여 부모가 되듯, 언젠가 때가 되면 작은 올챙이들도 개구리가 되어 자신들의 임무를 다하고, 다시 어미 개구리로 돌아와 이곳에 알을 낳을지도 모른다. 생명의 소중함과 자연의 아름다움에 오늘도 마음속으로 감사의 기도를 드린다.

스마트 알파 세대

스마트폰은 남녀노소를 막론하고 우리의 일상에서 필수 불가결한 존재가 되었다. 자나 깨나 늘 곁에 있어야 마음이 편하고, 잠시라도 시야에서 사라지면 불안함이 밀려오는, 거의 분신 같은 존재가 되었다. 차라리 가방을 두고 나가더라도 스마트폰 없이 외출하는 것은 상상할 수 없다. 외부와의 소통뿐만 아니라, 그 안에는 모든 정보가 담겨 있어 컴퓨터와 같은 다양한 역할을 하기 때문이다. 하지만 이렇게 유용한 분신이 때때로 나의 족쇄가 되기도 한다. 벨 소리가 울렸을 때, 상황에 따라 폰을 받지 못하면 상대방으로부터 불필요한 오해를 사는 경우가 있다. 마치 일부러 전화를 받지 않거나 피한다고 생각하여 기분 나쁘게 여기는 경우가 그렇다.

며칠 전, 가족 중 두 사람이 생일을 맞아 오랜만에 한정식 집에서 모임을 가졌다. 구순의 노부모님을 모시고 형제자매, 딸과 사위, 그리고 손녀까지 삼대가 한자리에 모인 것이다. 그중에서도 가장 눈길을 끈 것은 갓 두 돌을 맞이한 외손녀의 등장이었다.

어른들만 있는 자리에 어린 손녀가 나타나자, 모두의 얼굴에 웃음꽃이 피기 시작했다. 아직 말하는 것은 서툴러 쉬운 단어나 간단한 말만 할 수 있지만, 자신의 의사 표현은 정확하다. 어린이집을 다니기 시작하면서 하루가 다르게 재롱이 늘어가는 모습이 기특하기만 하다. 혼자서도 밥을 잘 먹고, 이제는 남들과 함께 식사를 하는 것도 자연스러워 보인다.

식사를 마친 어린 손녀는 제 아빠에게 스마트폰을 달라고 하더니, 자신이 좋아하는 유아음악을 틀어 달라고 했다. 어른들이 식사를 하는 동안, 혼자서 흥얼거리며 음악에 맞춰 춤추고 손유희를 하는 모습을 보며 모두가 웃음이 터졌다. 어린아이는 참으로 웃음을 주는 요정이다.

잠시 후, 딸이 손녀가 관찰력이 뛰어나다며 재미있는 걸 보여주겠다고 했다. 여러 사람의 스마트폰을 모아 섞어 놓으면, 손녀가 주인을 정확히 찾아 준다는 것이다. 딸은 비슷하게 생긴 네 개의 스마트폰을 손녀에게 한 번씩 보여준 후 섞어 놓고, 누구의 것인지 주인에게 갖다주라고 했다. 손녀는 스마트폰의 뒷면을 보고, 망설임 없이 정확히 주인에게 돌려줘 모두를 놀라게 했다. 스마트폰의 앞면은 모두 비슷하지만, 뒷면이 조금씩 다르다는 것을 어린아이가 어떻게 알아챘는지 신기할 따름이었다.

최근에는 딸로부터 영상전화가 왔는데, 화면이 계속 왔다 갔다 하는 것이 이상했다. 딸에게 다시 전화를 해보니 손녀가 엄마의 휴대폰을 가져가서 입력된 번호를 눌러 전화를 걸었던 것이다. 손녀는 다른 사람들에게도 그렇게 전화를 거는 바람에 가끔 상대방에게 오해를 사기도 했다는 것이다.

아이들은 배우는 속도가 어른이 생각하는 것보다 훨씬 빠르다. 특히 '스마트 알파 세대'의 아이들은 AI 기술이 접목된 다양한 스마트 기기 덕분에 예전 아이들보다 더 빠르게 배우고 적응한다. 하지만 그럴수록 걱정되는 것은 자연과의 접촉이 줄어들어 기계와의 친밀감만 커지는 점이다.

내가 어렸을 때는 스마트폰 같은 것이 없어도 불편함을 느끼지 않았고, 산과 들을 뛰어놀며 즐겁게 지냈다. 하지만 요즘은 아이들이 거실에서 조금만 뛰어도 아래층에서 시끄럽다고 달려오고, 이웃 간의 갈등으로 인해 아이를 키우는 부모는 매사 조심스러울 수밖에 없다.

이러한 환경 탓에 우리 아이들이 어릴 때부터 스마트 기기로 만들어진 장난감 세상에 점점 더 빠져들어 정서가 메말라가는 것 같아 안타깝다. 손녀만큼은 자연의 소리를 들으며 자연과 어우러져 자라게 하고 싶지만, 현대 사회의 흐름이 그것을 허락하지 않아 안타깝다.

자석 궁합

예로부터 우리 선조들은 혼사를 앞두고 당사자의 의견보다는 양가의 가풍과 두 사람의 궁합을 중시했다. 자녀가 혼기에 이르면 유명한 중매인을 불러 짝을 찾아주었고, 자녀는 부모가 정해준 상대를 운명으로 받아들여, 좋아하든 싫어하든 불평 없이 평생을 함께했다.

그러나 현대사회에서는 젊은이들이 결혼을 기피하는 현상이 심각한 사회문제로 떠오르고 있다. 그 이유는 다양하다. 남성들은 일에 우선순위를 두어 연애할 시간이 부족하거나 경제적 여유가 없고, 여성들은 결혼과 출산이 자신의 자아실현에 장애물이 될 수 있다고 생각하거나 연애할 시간을 내기 어려운 경우가 많다.

이러한 상황에서 최근에는 결혼하지 못한 젊은 남녀들을 중매해주는 TV 프로그램들이 다양하게 등장하고 있다. 처음 한 방송사가 높은 참여율과 관심을 얻어 성공하자, 다른 방송사들도 앞다투어 다양한 중매 프로그램을 선보이기 시작했다.

이 프로그램들은 연애 경험이 없는 사람들을 위한 모태솔로 특집, 바쁜 일상으로 결혼 시기를 놓친 사람들, 이른 나이에 이혼이나 재혼을 고려하는 사람들, 50대 이상의 노총각과 노처녀들을 위한 단체 소개팅 등 다양한 형식으로 이루어져 있다.

　프로그램에 출연하는 사람들은 의외로 외모도 좋고 학력이나 직업도 뛰어난 경우가 많다. 한 사람 한 사람을 보면 모두 괜찮은 사람들인데, 적합한 짝을 찾지 못했다는 점이 안타깝다. 이처럼 훌륭한 인재들이 결혼해 아이를 한 명씩만 낳아도 우리나라의 인구 감소 문제를 막을 수 있을 것이라는 아쉬움도 든다.

　이 프로그램들은 보통 5일에서 6일간의 합숙 캠프로 진행된다. 서로 한 번만 만나서는 알기 어려우므로 함께 시간을 보내며 알아가라는 취지이지만, 각기 다른 삶을 살아온 사람을 짧은 시간에 파악하기란 여전히 쉽지 않다. 처음에는 첫인상으로 상대를 선택하고, 서로의 자기소개를 들은 후에는 스펙에 따라 호감도가 달라지기도 한다. 마지막으로 1:1 대화를 통해 상대를 다시 검증한 후 짝을 찾거나, 다음 기회를 기약하며 캠프를 떠나게 된다.

　이러한 프로그램을 볼 때마다, 공개 방송에서 소개팅을 한다는 것이 얼마나 용기 있는 일인지 새삼 느낀다. 예전 같으면 상상도 할 수 없는 일이었을 것이다.

　작년에는 한 지방자치단체가 수도권 청년들을 대상으로 대규모 단체 소개팅을 기획한 적도 있었다. 약 200명의 참가자를 예상했지만, 신청자는 1,188명에 달했다. 이 중 남성이 802명, 여성이 386명이었다. 어떤 사람들은 직접 중매 플랫폼을 만들어 회원을 모집하고, 매주 오프라인 모임을 통해 결혼을 성사시켜 수익을 내기도 한다.

  한 번은 모 방송사에서 성공 확률을 높이기 위해 전통적인 사주 궁합과 MBTI 성격검사를 기반으로 남녀를 매칭하는 프로그램을 기획했다. 참여자들은 얼굴을 가린 상태에서 궁합으로 매칭된 상대와 대화한 후, 다시 MBTI로 매칭된 상대와 대화해보고 최종적으로 마음에 드는 사람을 선택했다. 그 결과, 두 매칭 방식에서 비슷한 선택이 나왔다. 무턱대고 만남을 지속하기보다는 처음부터 가능성이 있는 사람을 만나는 것이 더 효율적일 수 있다는 생각이 든다. 사람은 겉만 보고는 알 수 없기 때문이다.

  오랫동안 취미로 역학을 공부하며 주변인들의 궁합을 보면서 느낀 점은, 서로 끌림이 있고 잘 맞는 사람들은 실제 궁합을 봐도 좋은 결과가 나온다는 것이다. 본인도 모르게 필요한 사람은 서로 자석처럼 끌리며, 조건보다는 내면이 잘 맞는 사람이 더 오래갈 수 있다고 믿는다.

여름휴가

올 여름은 유난히도 폭염이 계속되어 집이나 사무실에서 에어컨 없이는 견디기 힘든 날들이 이어졌다. 세 살짜리 손녀가 어린이집에서 여름방학을 맞자, 딸 내외와 함께 특별한 휴가를 계획했다. 작년에는 손녀가 너무 어려서 두 시간 이내의 도시 근교에 있는 애견 키즈 펜션으로 다녀왔지만, 올해는 좀 더 색다른 경험을 위해 안동에 있는 문우 K의 과수원으로 가기로 했다.

몇 해 전, K는 부모님을 위해 지어드린 전원주택 근처에 복숭아나무를 여러 그루 심었다. 그 복숭아는 붉고 단단하며 당도가 높아 우리 가족이 모두 좋아했다. 그래서 K를 도울 겸, 손녀와 내 이름으로 복숭아 두 그루를 분양받았다. 미리 비료 값을 보내고, 복숭아가 열리면 손녀와 함께 직접 따기로 했다.

작년에는 처음 열매가 맺혀 약 120박스 정도의 수확을 K 혼자서도 감당할 수 있었지만, 올해는 과일이 크고 많이 열려 600박스나 되면서 K가 혼자서 복숭아를 따느라 힘겨워했다. 일손을 구하기도 어려워 아는 지인들이 돌아가며 잠시씩 도와주곤 했지만, 소일거리로 시작한 일이 커지면서 즐거움보다는 힘든 노동이 되어버린 것 같아 안타까웠다.

더 큰 문제는 복숭아를 딴 뒤, 폭염 속에서 하루라도 방치

할 수 없어 곧바로 보낼 수 있는 판로가 필요하다는 것이었다. 처음에는 '몇십 박스 사서 선물하면 되겠지'라고 간단히 생각했지만, 더 적극적으로 도울 방법을 고민해야 했다. 마침 딸이 라이브쇼 호스트라 부탁했더니, 젊은 엄마들 공동구매방에 올려주겠다고 했다. 그 덕분에 하룻밤에 60박스의 주문이 들어왔다. 나도 내가 아는 지인들의 단톡방에 조심스럽게 올리자 고맙게도 많은 지인들이 주문을 해주었다. K가 보내준 복숭아는 정말 크고 탐스러우며 맛도 일품이었다.

칠월이 끝나갈 무렵, 드디어 딸 내외와 손녀, 그리고 몰티즈 반려견까지 데리고 안동의 과수원으로 떠났다. 한낮의 무더위를 식히기 위해 사위는 어린 딸을 위해 이동식 수영장을 만들어 주었다. 그 수영장은 딸이 방송에서 판매했던 아이들 여름용품으로, 특별히 만들어진 야외용 에어 간이 수영장이었다. 집이 아파트라 실제 사용하기에는 어려움이 있었지만, 넓은 마당 한쪽에 설치하니 지붕까지 있어 안성맞춤이었다. 수영장 옆에는 손녀가 좋아하는 방울토마토가 익어 있었고, 머리 위에는 청포도가 익어가고 있었다. 과일을 좋아하는 손녀는 신나서 과일을 따 먹으며 물놀이를 즐기느라 시간 가는 줄 몰랐다.

다음 날 이른 새벽, K와 나는 트럭을 타고 복숭아밭으로 향했다. 집 앞에 있는 복숭아나무 외에도 근처 선산에 또 다른 복숭아밭이 있다는 것이었다. 길이 좁아 조금 불안했지만, 그곳에 도착하니 나무마다 주렁주렁 매달린 복숭아가 참으로 탐스럽고 신기했다. 복숭아를 많이 먹어보았지만, 실제 과수원에서 나무를 가까이 본 것은 처음이었다. 나무의 키가 작아 손으로 따기 적당했고, 두 시간쯤 지나니 바구니마다 복숭아로 가득 찼다. 새벽이었는데도 땀으로 옷이 흠뻑 젖었다.

우리는 수확한 복숭아를 싣고 K의 집으로 돌아왔다. 그 다음 단계는 복숭아를 크기별로 선별하여 상자에 넣는 작업이었다. 사위도 도와주었지만, 이 작업은 두 시간이 걸렸다. 마지막 단계는 트럭에 복숭아를 싣고 농협으로 가서 주문한 사람들에게 택배를 보내는 일이었다.

그 후, 우리는 K와 함께 아이들을 데리고 근처 맛집에서 식사를 했고, K는 택배를 위해 먼저 일어섰다. K의 집으로 돌아오는 길에 이마트에서 필요한 물건들을 사고 돌아와서는 모두 새벽에 일어난 탓에 낮잠에 빠져들었다.

저녁 무렵, 무더위를 피해 아이들과 집 앞 텃밭으로 나가 K가 재배한 작물들을 보여주며 손녀에게 하나씩 따보라고 했다. 그곳에는 손녀가 좋아하는 과일과 채소들이 많이 있었다. 손녀는 오이, 가지, 참외, 수박, 대추, 포도, 깻잎, 토마토, 호박, 고추, 옥수수, 조롱박 등을 보며 무척 신기해했다. 이 외에도 자두, 천도복숭아, 딱딱이 복숭아 등을 만져보고 따느라 시간 가는 줄 몰랐다. 이것은 손녀뿐만 아니라 우리 모두에게도 신선한 경험이었다. 딸은 "엄마, 여기가 마트네요"라며 웃었다.

그날 저녁, 이마트에서 사온 고기와 우리가 수확한 신선한 야채로 마지막 만찬을 준비했다. 그 어떤 식당보다 맛있고 풍성한 식탁이었다. K는 딸 내외에게 자신의 경험을 들려주며, 젊었을 때부터 자신의 취미를 하나씩 가지는 것의 중요성과 글 쓰는 방법에 대해 열강했다.

다음 날 아침, 일찍 일어난 손녀에게 집에 가야 한다고 하자 "나 집에 가기 싫어요"라며 이곳에 살고 싶다고 했다. 모두가 그 말에 한바탕 웃음을 터뜨렸다. 어린 손녀가 얼마나 재미있었으면 그렇게 말했을까 생각하니 미소가 지어졌다.

처음에는 장난감이 없어서 아이가 심심해하지 않을까 걱정했지만, 자연이 준 선물들이 손녀에게는 보물처럼 다가왔다. 이번 여름휴가는 자연과 농부의 고마움을 다시 한 번 깨닫는 소중한 시간이 되었다.

5부

꿈을 찾아가는 여정

기도

금수저와 흙수저

익명성의 두 얼굴

꿈을 찾아가는 여정

보은

붓끝에 마음을 싣고

사랑과 질투

열정과 도전의 무대

기도

대부분의 사람들은 종교를 떠나서, 무언가 절실히 필요할 때 보이지 않는 신에게 기도하는 순간이 있다. 기도의 방법과 대상은 다양하지만, 사람들이 기도하는 이유는 사랑과 평화를 추구하거나, 국가와 사회, 그리고 개인의 이익을 위해서일지도 모른다.

종교는 어느 것이 더 좋다고 쉽게 말할 수 없다. 각자 나름의 장단점을 가지고 있으며, 어떤 사람들이 어떻게 믿느냐에 따라 종교에 대한 평가는 달라지기 마련이다.

나 역시 기도를 자주 한다. 그렇다고 특정한 종교에 속해 있는 것은 아니다. 초등학교 시절에는 집 근처에 교회가 있어 자주 다녔고, 중학교 때는 성당이 가까워 성경 공부를 하고 영세를 받았다. 여고 시절에는 미션스쿨에 다니면서 다시 교회를 다니게 되었고, 주말에는 성가대 활동과 유아를 가르치는 선생님 역할도 맡았다. 이십 대와 삼십 대에는 집 근처 성당에 딸과 함께 다녔다.

모태신앙을 가진 사람들에게는 나의 신앙생활이 줏대 없어 보일 수 있다. 하지만 내가 교회와 성당을 오갔던 이유는 단지 집 근처에 있어서만은 아니었다. 친구와 함께 교회를 다니다가 그 친구나 그곳에 있는 다른 사람에게 실망하면 나가지 않았던 것 같다. 친구의 질투 때문이거나 존경했던 목회자에 대한 실망감이 이유였을지도 모른다.

사실 '신'은 언제나 우리 눈에 보이지 않지만, 우리에게 늘 '사랑'을 베풀라고 가르친다. 그러나 인간은 그 사랑을 빙자해 개인의 사욕을 채우려 하면서 이런 일들이 생기는 것이 아닐까 싶다.

하지만 분명한 것은, 신이 존재한다는 확신을 살아오면서 많이 느꼈다는 점이다. 비록 남들처럼 교회나 성당, 또는 절에 열심히 다니며 기도하지 않더라도, 나는 일상 속에서 늘 기도하며 산다. 나의 기도는 주로 잠잘 때나 아침에 눈을 떴을 때 이루어진다. 특히 잠자리에 들기 전, 오늘 하루를 무사히 보낸 것에 대해 감사하고, 내 주변 사람들의 안전을 위해 기도한다. 마지막으로, '내일 아침에도 내 주변 모든 사람들이 밝은 아침을 맞이하게 해달라'는 기도를 잊지 않는다.

다음 날 아침, 눈을 뜰 때는 오늘도 밝은 빛을 맞이할 수 있음에 감사하며, 사랑하는 이들과 함께 하기를 기도한다. 그러다 보면 왠지 모르게 힘이 나고, 좋은 일이 일어날 것 같은 기분이 든다. 비가 올 때는 사랑하는 이들에게 빗방울 수만큼 좋은 일이 일어나기를 기도하고, 눈이 올 때는 하늘에 흩날리는 하얀 눈송이만큼 좋은 일이 있기를 기도한다.

가끔 나의 기도는 어린아이처럼 단순하기도 하다. 예를

들어, 주차할 곳이 없어 주차장을 배회하다가 '차 하나 들어갈 자리를 만들어 주세요'라고 기도하면, 갑자기 주차공간이 생겨나서 나를 놀라게 하는 경우가 한두 번이 아니다. 중요한 물건을 잃어버려 찾지 못하고 있을 때 기도하면, 누군가가 그 물건을 찾아 연락을 주는 일도 있다. 심지어는 돈이 절실히 필요할 때 갑자기 예상치 못한 돈이 들어오는 경우도 있다.

 이럴 때마다 내 눈에 보이지는 않지만, 신은 항상 내 곁에 있다는 확신이 들곤 한다. 그 확신은 내가 세상을 살아가는 데 많은 용기를 준다. 힘든 일이 생길 때는 큰 힘의 원천이 되어, 나를 낙천적인 사람으로 만들어 주기도 한다.

 큰 욕심 없이 주어진 나의 삶에 감사하며, 다른 이들에게 작은 것이라도 베풀 수 있는 마음의 여유를 가질 수 있음에, 오늘도 나는 감사의 기도를 드린다.

금수저와 흙수저

이 세상에는 태어날 때부터 부모덕에 부유한 환경에서 자라는 사람이 있는가 하면, 반대로 어려운 환경에서 겨우 살아가는 사람들도 있다. 현대인들은 이러한 차이를 종종 '금수저'와 '흙수저'로 비유하곤 한다.

부모를 잘 만난다는 것은 정말 큰 축복이다. '이왕이면 다홍치마'라는 속담이 있듯이, 여유로운 환경에서 자란 사람이 아무래도 삶을 살아가는 데 유리한 점이 많다. 내가 중·고등학교 시절만 해도 '개천에서 용이 난다'는 속담처럼, 어려운 환경에서도 본인의 노력으로 큰 성공을 이루는 사람들이 종종 사회의 귀감이 되곤 했다. 하지만 현대 사회는 물질만능주의가 만연한 시대다. 이제는 웬만한 노력만으로는 금수저를 능가하기 힘든 세상이 되어가고 있다.

우리 주변에는 훌륭한 부모 밑에서 어려움 없이 자란 자식 중에 성공적인 삶을 사는 이들도 있지만, 반면에 아무런 목표 없이 방탕한 삶을 살며, 마약이나 불법적인 일에 빠져들어 인생을 망치는 사람들도 있다. 이런 모습은 사람들로 하여금 눈살을 찌푸리게 만든다.

얼마 전, 한 TV 프로그램에서 외국의 재벌 2세들에 대한 이야기를 다룬 적이 있다. 부모들은 열심히 일해서 큰 성공을 거두었지만, 일부 재벌 2세들은 오히려 망나니처럼 자라

난 경우도 있었다. 그 중 한 사례로, 아버지가 아들의 일탈을 보다 못해 용돈을 200달러 감액했는데, 이에 분노한 아들이 아버지를 총으로 살해한 사건도 있었다. 이러한 일은 외국에서만 일어나는 일이 아니다. 우리나라에서도 부모가 사업 자금을 주지 않거나 재산을 물려주지 않는다는 이유로 부모를 살해하는 사건들이 가끔 발생해 세상을 놀라게 한다.

'효'를 중시해 온 전통 사회에서, 예전에는 상상조차 할 수 없었던 일들이다. 부모님의 말씀이라면 하나에서 열까지 따르는 것이 당연했고, 이를 생명처럼 여겼기에 불만조차 가질 수 없었다. 그만큼 사회 문제도 지금처럼 많지 않았다. 그렇다면 무엇이 오늘날 우리 자녀들을 이렇게 만들었을까?

젊은이들이 아이를 적게 낳으면서 외동이가 늘어나고, 귀한 자녀를 위해 모든 것을 만족시켜 주려는 부모의 물질만능주의적인 양육 태도, 그리고 인성보다는 인지 교육을 우선시하는 가정 및 학교 교육이 오늘날 자녀들을 이렇게 변화시킨 것이 아닐까 생각한다.

아이들은 어릴 때, 마치 '백지'와 같다. 누구와 어떻게 그림을 그려나가느냐에 따라 그 결과는 크게 달라질 수 있다. 그만큼 자녀들의 내적·외적 환경은 중요하다. 어릴 때부터 부모와의 긍정적인 상호작용을 통해 자란 아이는 성장해서도 사회의 일원으로서 제 역할을 잘할 수 있다. 부모에 대한 신뢰감은 사회에 대한 신뢰감으로 이어져, 긍정적인 사고를 하는 사람으로 성장하는 데 도움을 준다.

그러나 어릴 때부터 부모와의 부정적인 상호작용을 경험한 아이는 부모에 대한 불신이 생기고, 이는 어른이 되어서도 사회에 대한 불신으로 이어져 비판적이고 열등감을 갖는 사람이 될 수 있다. 이러한 사람들은 때로는 사회 문제를 일으키기도 한다.

가끔 뉴스에서 '묻지마 사건'을 접하면, 자신과 아무런 관련도 없는 사람들에게 끔찍한 범죄를 저지르는 이들이 있다. 이들은 반성의 기미조차 없으며, 자신이 무슨 잘못을 했는지조차 모르는 경우도 있다. 단지 주어진 환경이 마음에 들지 않거나, 원하는 결과를 얻지 못했을 때, 또는 자신보다 더 행복해 보이는 사람에 대한 열등감이 이러한 사건의 원인이 되기도 한다. 물론 어려운 환경에서 모든 사람이 이런 행동을 하는 것은 아니다.

어떤 사람들은 오늘의 어려움을 극복하고 열심히 노력하여 좋은 결과를 이루기도 한다. 나 역시 지금 돌아보면 금수저보다는 흙수저에 가까운 환경에서 자랐다. 하지만, 한 번도 우리 집이 어렵다고 생각한 적이 없다. 그것은 바로 어려운 상황 속에서도 항상 열심히 살아가는 모습을 보여주었던 부모님의 엄하고 자상한 사랑 덕분이 아니었을까 싶다.

익명성의 두 얼굴

온라인 세상에서는 본명보다 닉네임이 더욱 활발하게 사용된다. 카페, 밴드, 다양한 플랫폼에서 사람들은 자신만의 닉네임을 하나 또는 두 개씩 가지고 있으며, 몇 년 동안 알고 지내도 그 사람의 본명을 모르는 경우도 흔하다. 이와 함께 나이, 직업, 경력, 학력, 거주지 등도 잘 모르는 경우가 많다. 사람들은 공통된 취미나 관심사를 통해 소통하며, 때로는 모르는 사람과 쉽게 사랑에 빠지기도 한다. 하지만 익명성 덕분에 사람들과 쉽게 가까워질 수 있는 반면, 그로 인한 부작용이 사회문제를 일으키기도 한다.

최근 TV 뉴스에서는 청소년들이 '딥 페이크'라는 인공지능 기술을 활용해 인물의 얼굴과 특정 부위를 합성한 불법 영상물이 유출되어 많은 피해를 양산하고 있다는 소식이 보도되었다. 이 문제는 우리나라뿐만 아니라 전 세계적으로 이슈가 되고 있으며, 그 심각성이 논의되고 있다. 예전에는 불법 영상을 주로 성인들이 제작했다면, 최근에는 10대가 70% 이상을 차지하며, 피해자 역시 10대가 60%를 넘어서 가정 및 교육 현장이 큰 충격을 받고 있다.

딥 페이크는 유명 정치인이나 연예인은 물론, 학교 담임 선생님까지도 대상으로 하여 부정적인 영향을 끼치고 있다. 심지어 초등학생까지도 재미로 가담하는 사례가 생기면서 부모들은 자녀가 가해자나 피해자가 될까 봐 걱정하고 있다. 이에 따라 최근에는 '디지털 장례사'라는 새로운 직업까지 등장해, 온라인상에서 나쁜 흔적을 지우기 위한 수요가 늘어나고 있다. 온라인은 신속하고 편리하다는 장점이 있지만, 나쁜 소식이나 불법 성적 영상물이 유포되면 한 사람의 인생을 망칠 수 있는 무서운 무기가 되기도 한다.

이십여 년 전, 내가 동호회 활동을 할 때만 해도 닉네임은 주로 재미있고 긍정적인 의미를 담고 있었다. 사람들은 자신의 이미지와 어울리는 닉네임을 선택했고, 우리는 그들의 본명보다 닉네임에 더 익숙했다. 너무 자세히 알게 되면 선입견이 생겨 가까이하기 어려울 수 있지만, 닉네임을 사용하면 공통 관심사를 기반으로 친숙하게 지낼 수 있었다. 그들의 본명이나 직업은 중요하지 않았다. 가끔은 정이 들어 결혼까지 하는 커플도 있었고, 내가 속했던 한 라틴댄스 동호회는 결혼하는 커플이 많아지면서 결국 해체되기도 했다. 결혼한 여자 회원들이 임신과 양육 때문에 동호회에 참석할 수 없었기 때문이다.

오늘날 결혼하지 않는 젊은이들이 많아져 아이가 없는 사회를 걱정하는 현실과 비교하면, 그 동아리는 출산율을 높이는 데 긍정적인 영향을 미쳤다고 볼 수 있다. 가끔 해프닝이 발생하기도 했다. 예를 들어, 결혼식이나 상을 당했을 때 서로의 본명을 몰라 뒤늦게 확인하고 축하나 조의를 표할 수밖에 없었다. 지금도 그들의 본명은 모르지만, 몇몇 사람의 닉네임은 아직도 기억에 남아있다. 현대사회가 기술개발로 빠르게 진화하고 있지만, 느린 것 같아도 순수했던 그 시절이 그립다.

꿈을 찾아가는 여정

세상에는 직업의 종류가 만여 가지가 있다고 한다. 내가 어렸을 때, 아이들에게 '나중에 커서 어떤 사람이 되고 싶니?'라고 물으면, 남자아이들은 대통령, 군인, 의사 등을, 여자아이들은 선생님, 간호사, 현모양처 등 몇 가지 안 되는 직업을 주로 꼽았다.

어린 시절부터 나의 꿈은 언제나 선생님이 되는 것이었다. 초등학교부터 고등학교를 졸업할 때까지, 그 꿈은 변함이 없었다. 특히, 내가 꿈꾸었던 것은 중·고등학교가 아닌 초등학교 선생님이었다. 어린 나에게 선생님은 마치 만능 탤런트처럼 보였기 때문이다.

그러나, 우연히 유아교육과와 인연을 맺으면서 유치원 선생님이 되었고, 아이들과의 사랑에 빠졌다. 유치원 선생님이야말로 나의 천직이라고 느꼈다. 어릴 때부터 아이들을 무척 좋아했기에, 동네 아이들까지도 잘 돌봐주었기 때문이다.

아이들처럼 예쁘고 순수한 존재가 있을까? 아이들을 만나러 가는 일이 늘 설레고, 그들과 함께하는 시간이 마냥 행복했다. 아이들에게 어떻게 하면 더 재미있는 경험을 선사할 수 있을지 고민하다 보니, 밤을 새우는 일도 많았다. 누가 시켜서 한 일이 아니라 스스로 즐기면서 했기에 가능했다. 그러다 보니 어느새 젊은 나이에 유치원 교사에서 원장이 되어있었다.

하지만 어느 날, 방송연예인을 꿈꾸던 딸 덕분에 모 방송국을 방문했다가 우연히 유명 'OO기획사'의 담당자로부터 방송 에이전시 일을 제안받았다. 방송 드라마나 영화에 보조출연자로 참여하는 역할이었다. 처음엔 뜻밖의 제안에 당황했지만, 딸을 위해 직접 경험해보는 것도 좋겠다는 생각에 한 달에 한 번 주말에만 취미 삼아 참여하기로 했다.

마침 유치원을 정리하고 대학원에서 박사과정을 진행 중이었기에, 머리를 식힐 겸 색다른 경험이 될 것 같았다. 내가 처음 맡은 역할은 사극영화에서 임금의 후궁 중 한 명으로, 궁중 연회장에서 다른 후궁들과 담소를 나누는 장면이었다. 평소 드라마나 영화에서 보았던 장면을 실제로 경험하며, 유명 배우들과 함께 멋진 왕족의 의상을 입고 촬영하는 과정은 매우 흥미로웠다.

현대극에서도 주로 파티에 참석한 손님 역할을 맡았고, 댄스파티에 참여했던 적도 있다. 당시 내가 라틴댄스 동호회에서 활동하고 있었기 때문에 그 역할을 맡게 된 것 같았다. 에이전시 서류에 특기나 취미로 댄스와 한국무용을 기재했기에 담당자가 그 역할을 준듯했다.

한 번은 추운 겨울날, 몇몇 사람만 얇은 드레스를 입고 촬영하는 장면이 있었다. 주로 촬영은 새벽이나 밤 시간대에 진행되었고, 봄·여름·가을에는 재미로 참여했지만, 겨울 촬영은 정말 힘들었다. 손난로를 몸에 여러 개 챙겨도 추위는 피할 수 없었다. 촬영 당시 날씨가 겨울이었지만, 내용에 따라 봄·여름·가을 의상을 입어야 했기 때문이다.

처음엔 흥미롭게 다가왔던 일이었지만, 시간이 지날수록 내 적성에 맞지 않음을 느꼈다. 같은 말과 행동을 여러 번 반복해야 겨우 작품 일부분을 완성할 수 있었고, 잠깐의 장면을 위해 오랜 시간을 기다리는 일도 많았다. 더구나 주로 새벽이나 밤 시간대에 움직이다 보니 대중교통도 원활하지 않아 불편함이 많았다.

우리가 평소 재미있게 보는 영화나 드라마가 한 편 만들어지기까지, 수많은 스태프와 배우들의 숨은 노력이 얼마나 큰지 알게 되었다. 나의 특별한 취미생활은 그해 겨울로 마무리되었다.

그러던 중, 문득 아이들의 동화 '내 얼굴엔 내 코가 어울려'라는 이야기가 떠올랐다. 내가 가장 잘하는 것은 역시 교육이라는 것을 다시금 깨닫게 되었다.

보은

최근 과학 문명의 발전과 함께 의료기술이 발달하면서 인간의 수명이 길어져 백세 시대에 접어들었다. 과거에는 오래 사는 것이 축복이라고 생각했지만, 건강하지 못한 채 오래 사는 것은 오히려 재앙이다. 진정한 삶은 오래 사는 것이 중요한 것이 아니라 누구와 어떻게 건강하게 사는지가 더 중요하기 때문이다.

　우리나라도 어느새 노인 인구가 천만 명을 넘어 초고령사회로 진입하고 있다. 2060년에는 우리나라 인구의 절반이 노인이라고 한다. 젊은 사람들이 결혼과 아이를 포기하는 일이 점점 늘어나기 때문이다. 일할 사람은 없고, 힘없는 노인이 많아진다는 것은 개인뿐만 아니라 국가적으로도 심각한 경제적 손실과 국력 약화를 초래할 수 있다. 이는 우리나라만의 문제가 아니라 전 세계의 공통된 과제이기도 하다.

　우리 주변을 돌아보면 집집마다 노부모의 건강 문제로 고민하는 자녀들을 종종 볼 수 있다. 나도 예외는 아니다. '세월에는 장사가 없다'고 하듯이 어느새 구순을 넘긴 부모님 또한 건강이 약해져 누군가 항상 옆에 보호자가 있어야 하는 상황이다. 얼마 전에는 한밤중에 어머님이 화장실을 다녀오다 넘어져 척추뼈가 두 개나 부러지고 허리까지 다쳐 큰 수술을 해야 했다. 꼼짝없이 아파서 누워있는 어머니를 일하는 자녀들이 돌본다는 것은 결코 쉬운 일이 아니다.

　평소 어머니를 돌봐주던 요양사님이 계셨지만, 낮에만 가능해서 밤에는 누군가 대신 할 사람이 필요했다. 게다가 언니가 백내장 수술을 받으면서 밤에 부모님을 챙길 수 있는 사람은 나밖에 없었다. 남동생이 둘이 있지만 한 명은 몇 해 전 뇌출혈로 쓰러져 요양병원에 있고, 또 한 명은 직장인으로 멀리 출퇴근하느라 새벽에 나가야 했다.

　어머니의 상태가 오래갈듯하여 언니가 대책 회의를 제안하며 시설 좋은 요양원에 모시는 것이 어떻겠냐고 조심스럽게 말을 꺼냈다. 잘못하면 모두 힘들 것 같아 걱정된다는 것이었다. 처음에는 말도 안 된다고 화를 냈다. 나 편해지자고 부모님을 시설에 보내고 싶지 않았기 때문이다. 만일 보내야 하는 상황이라면 아버지도 함께 가실 수 있는 시설 좋은 곳을 알아보고 생각해 보자고 했다. 평생 해로하신 부모님을 건강 문제로 마지막을 생이별로 마음 아프게 하고 싶지 않았다.

　다음날 인터넷을 통해 근교 시설이 좋은 요양원들을 찾아보고 몇 군데 직접 방문했다. 생각 외로 시설이 좋은 곳들이 많이 생겨난 것을 알았다. 마치 노인 유치원 같은 느낌이 들었지만 내 마음에 드는 곳은 없었다. 다양한 시설들을 돌아본 후 저녁때 아버지께 다녀온 곳의 사진들을 보여드리자 아버지는 별로 말씀이 없으셨다. 마음이 내키지 않다는 것을 직감할 수 있었다. "아버지가 먼저 방문해보시고 싫으시면 안 가셔도 된다"고 말씀드렸다.

그날 때마침 TV 특집 프로그램에서 '세계 노인들의 노후 문제와 요양시설'에 대한 이야기가 방영되었다. 다양한 나라에서 노인들이 어떻게 시설에서 생활하고 있는지를 보시더니 그날부터 아버지 스스로 집 안에서 걷기 연습과 마사지기 및 족욕기를 열심히 하셨다. 순간 그 모습이 왠지 짠하게 느껴져 내심으로 결심했다. 내가 최선을 다해서 부모님을 돌봐드려야겠다고 말이다.

마침내 해결 방법으로 낮에는 요양사님이 오전 9시에서 오후 6시까지 부모님을 도와드리고 그만큼 수고비를 드리기로 했다. 대신 밤에는 내가 매일 당직을 하고 다음 날 아침에 요양사님이 오면 사무실로 출근하기로 했다. 그렇게 교통정리를 하고 나니 비록 몸은 피곤했지만, 부모님도 좋아하시고 형제들도, 내 마음도 더욱 편해졌다.

그 후 내 생활은 더욱 바빠졌다. 사무실 일도 해야 하고 부모님 집 근처에 있는 내 집도 오가며 두 집 살림해야 했다. 어머니는 특히 밤에 화장실을 자주 가시는 편이라 새벽에 일어나실 때가 많다. 밤에는 나 역시 예민해서 어머니의 부스럭거리는 소리에도 잠이 깬다. 그런 나의 모습에 어머니가 오히려 깜짝 놀라시곤 한다. 조그만 소리에도 벌떡 일어나는 내가 신기하다는 것이다. 새벽에 몇 번씩 일어나다 보면 잠을 설쳐서 가끔 낮에 피곤할 때가 있다. 어떤 날은 두세 시간 정도밖에 못 자고 출근하는 경우도 있다. 그럴 때마다 부모님이 내가 어린아이였을 때 밤잠을 설쳐가며 돌보셨을 일들이 떠올랐다.

얼마 전에는 아버지께 지나온 삶 속에서 언제가 가장 좋았냐고 질문을 하니 "너희들이 어렸을 때 가장 즐거웠다"고 하신다. 그리고 뿌듯한 것은 자식들을 석.박사를 만든 것이라며 흐뭇해하셨다. 순간 부모님은 자식들 키우는데 온 젊음을 아낌없이 다 쏟으셨는데 우리는 잠시 힘들다고 생각했던 것이 부끄럽게 느껴졌다. 그간 부모님이 내게 주신 사랑에 비하면 지금 내가 부모님께 하는 일들은 아무것도 아니다. 내 힘이 닿는 그날까지 부모님께 최선을 다하고 싶다.

붓끝에 마음을 싣고

최근 컴퓨터와 인터넷으로 대부분의 업무를 처리하는 시대에, 나는 새삼스럽게 묵향에 매료되었다. 퇴근 후 저녁 식사를 마치고 나면, 가장 먼저 하는 일은 식탁 위에 검은 천을 깔고 벼루에 먹을 가는 일이다. 시중에서 판매되는 좋은 먹물을 사용하는 것도 좋지만, 직접 먹을 갈 때 느껴지는 차분한 마음과 은은한 묵향은 그 자체로 특별한 매력이 있다.

내가 다시 붓과 친해지게 된 데에는 언니의 영향이 컸다. 은퇴 후 서예와 캘리그래피에 빠진 언니는 매일 두 시간씩 멋진 작품을 만들어 냈고, 그 모습을 보며 나도 자연스럽게 따라 하고 싶다는 생각이 들었다. 형부는 가끔 그런 언니를 보고 돈도 되지 않는 일에 열심히 매진한다고 불평했지만, 나는 오히려 언니의 열정이 멋있어 보였다.

처음 붓글씨를 접한 것은 초등학교 6학년 때였다. 이제 막 군 제대를 한 20대 초반의 젊은 선생님이 우리 반에 오셨고, 그는 일 년 내내 하루도 빠짐없이 붓글씨를 가르쳐주셨다. 우리는 교과서 외에도 항상 가방 속에 벼루와 먹, 커다란 붓과 연습용 신문지를 넣어 다녔다. 쉬는 시간에도 우리는 붓글씨를 연습했고, 선생님은 커다란 붓에 물을 묻혀 초록 칠판에 글씨를 쓰며 우리에게 따라 하도록 했다.

여름 방학과 겨울 방학에는 시조 45수를 화선지에 써서

족자 20개를 만들어 오는 과제가 주어졌다. 족자를 만들기 위해 하얀 벽지에 화선지를 길게 풀로 붙이고, 산에서 주운 나무를 잘라 족자 위아래에 붙였다. 나무가 부족하면 친구들과 함께 뒷산에 올라가 나무를 더 구해오곤 했다. 지금 생각해보면 그 많은 숙제를 어떻게 다 해냈는지 신기할 따름이다. 그 덕분에 주변 사람들로부터 글씨를 잘 쓴다는 칭찬을 들을 수 있었다.

붓글씨와의 또 한 번의 인연은 여고 시절에 찾아왔다. 내가 다닌 학교는 100년의 전통을 자랑하는 미션스쿨이었고, 전교생에게 의무적으로 붓글씨를 가르쳤다. 이전에 붓글씨를 경험한 덕분에, 대회에 나가면 상을 타는 일이 많았고, 친구들의 붓글씨를 대신 써주기도 했다.

20대에 유치원 교사로 일할 때는 졸업장과 상장, 이름표 등을 200명 넘는 아이들을 위해 매년 손수 써주어야 했다. 천주교 부설 유치원에 근무할 때는 부활절마다 500여 개의 찐 계란에 붓으로 난초를 그려야 했지만, 그러한 일들이 힘들다고 느껴진 적은 한 번도 없었다. 오히려 내 작은 재주로 남들을 기쁘게 할 수 있음에 감사함을 느꼈다.

그러나 요즘은 대부분의 일을 컴퓨터로 처리하는 시대가 되어, 상장이나 졸업장, 이름표를 손수 쓸 일이 거의 없어졌다. 그로 인해 한때 성행했던 서예 학원들은 자취를 감추었고, 대신 지역 문화센터에서 서예를 배우려는 사람들이 늘어나고 있다.

나 역시 지역 문화센터에서 문인화와 캘리그래피를 배우고 있다. 바쁘다는 이유로 미뤄두었던 일들을 하나씩 다시 시작하면서 마음이 한결 즐거워졌다. 처음 우연히 시작한 문인화는 내게 우아한 여성적인 느낌을 주었고, 체본을 받을 때마다 언젠가 나도 선생님처럼 잘 그릴 수 있을까 하는 생각이 들었다. 문인화를 하다 보니 한글 서예에도 관심이 생겨 개인레슨을 다시 시작하게 되었고, 캘리그래피까지 더하면서 하루하루가 바빠졌다. 캘리그래피는 작은 액자에 담아 집이나 사무실, 혹은 다른 사람에게 선물하기에 좋았다. 이 세가지 모두 붓과 먹, 화선지의 아름다운 조화였다. 여기에 TV를 통해 들려오는 잔잔한 음악은 작업에 한층 더 평온함을 더해주었다.

최근에는 지역 서예협회의 작품전에 처음으로 서예 한글 족자를 출품했다. 아직 실력이 부족하다고 생각해 망설였지만, 선생님의 격려로 용기를 낼 수 있었다. 어린 시절 막대로 족자를 만들어본 적은 있지만, 이번에 제대로 된 작품을 만든 것은 처음이어서 매우 뿌듯했다. 새로운 시작을 알리는 듯한 기분이었다. 문득 초등학교 시절의 선생님이 떠오른다. 앞으로도 붓을 통해 많은 사람에게 감사의 마음을 전하고 싶다.

사랑과 질투

사랑은 엄마의 품처럼 따뜻하고, 때로는 감미롭고 우리의 마음을 설레게 한다. 이 세상에 만일 사랑이 없다면 우리의 삶은 황무지처럼 거칠고 어두울 것이다. 사랑은 우리에게 힘과 용기를 주고, 행복을 가져다주기에 모두가 사랑받고 싶어 한다. 이 감정은 어른뿐만 아니라 아이, 동물도 마찬가지다. 사랑받고 있다는 느낌은 안정감을 준다.

하지만 사랑이 항상 긍정적인 감정만을 동반하는 것은 아니다. 사랑의 또 다른 면에는 질투라는 부정적 감정이 동전의 양면처럼 따라붙는다. 사랑하는 사람이 다른 대상을 좋아하거나 사랑하게 되면, 자신이 받는 사랑을 빼앗길까 봐 그 대상을 미워하고 질투하게 된다.

딸의 집에 갈 때마다 손녀와 반려견 로웰이 반갑게 달려온다. 나는 아무리 손녀가 보고 싶어도, 먼저 로웰을 안아주고 그다음 손녀를 안아준다. 이는 로웰의 질투 때문이다. 한 번은 손녀를 먼저 안아주었다가, 로웰이 손녀를 물려고 행동해 모두를 놀라게 한 적이 있었다. 딸이 결혼 전부터 키워온 로웰은, 손녀가 태어나면서부터 질투를 보이기 시작했다. 어린아이와 반려견을 함께 키우는 것이 좋은 점도 있지만, 가끔은 아이에게 해코지할까 걱정이 되기도 했다. 이제 손녀는 세 살이 되었지만, 로웰은 여전히 가끔 질투의 행동을 보이고, 손녀도 그럴 때는 로웰을 조심하는 편이다.

얼마 전, 질녀가 첫딸을 낳았다. 평소 딸을 갖고 싶어 하던 질녀는 소원이 이루어져 매우 기뻐했다. 그녀는 내 딸과 어릴 적부터 동갑내기 친구처럼 지냈고, 딸이 손녀를 낳은 것을 부러워했다. 게다가 자주 손녀에게 선물을 주고 잘 놀아주었고, 손녀도 그녀를 좋아했다.

질녀의 아기가 태어난 지 삼 주쯤 되었을 때, 딸이 손녀와 함께 그녀 집을 방문했다. 딸이 보내준 사진과 동영상 속 손녀는 처음 아기를 본 신기한 표정을 짓고 있었다. 그 모습을 보며 나도 모르게 미소를 지었다.

일주일 후, 딸은 손녀를 데리고 다시 질녀네 집을 방문했다. 산후 후유증으로 질녀가 아기를 안기 어려워 도움을 요청한 것이다. 딸이 아기를 안고 우유를 먹이려 하자, 손녀는 아기의 발을 은근히 잡아당기거나 이마를 살짝 때리는 행동을 보였다. 딸과 질녀는 손녀의 예기치 못한 행동에 깜짝 놀라며 손녀에게 동생임을 설명하고 조심스레 지켜보았다. 손녀는 자신만을 예뻐하던 엄마와 이모가 갑자기 아기만 신경 쓰는 것이 싫었던 것이다. 딸은 손녀를 안아주며 "엄마는 여전히 널 사랑한다"고 표현했고, 그제야 손녀는 조금씩 진정되었다. 그 사건 이후로 어른들은 손녀 앞에서 더 조심하게 되었다.

  질 손녀가 생후 50일쯤 되었을 때, 질녀네가 과천으로 이사를 하며 딸 집에서 하룻밤을 묵었다. 그때 손녀는 아기에게 직접 우유를 먹여주고 싶어 했고, 어른들이 도와주자 무척 기뻐했다. 그러나, 여전히 질투심이 남아 있었는지 아기에게 베개를 빌려주자 자신 것이라며 베개를 빼앗아 아기를 놀라게 하기도 했다.

  사람의 감정은 어른이나 아이나 비슷하다. 다만 어른은 감정을 억제할 수 있지만, 아이는 본능적으로 표현할 뿐이다. 시간이 지나면 손녀도 동생을 사랑하고 챙겨주는 언니가 될 것이라고 믿는다.

열정과 도전의 무대

얼마 전, 제33회 2024 파리 올림픽이 전 세계의 뜨거운 관심 속에서 성공적으로 막을 내렸다. 이번 올림픽에는 206개국에서 10,500명의 선수가 참가해 32개 종목, 329개 경기를 펼쳤다. 그중 한국 선수단은 144명이 출전해 금메달 13개, 은메달 9개, 동메달 10개 등 총 32개의 메달을 획득하며 세계 8위라는 훌륭한 성과를 이루어냈다.

이번 올림픽은 다른 때보다 더 깊은 관심을 가지고 지켜보았다. 예전에는 바쁘다는 핑계로 관심 있는 경기만 겨우 챙겨보았지만, 이번에는 우리나라 선수들이 출전하는 경기를 거의 빠짐없이 시청했다. 그 결과 경기 규칙에 대해 더 잘 이해하게 되었다. 특히 양궁 경기를 보면서, 작은 바람 한 점에도 승패가 갈릴 수 있다는 사실을 알게 되었다. 다른 나라 선수들과 메달을 놓고 경쟁할 때마다, 우리 국민 모두가 숨죽이며 그들의 활시위를 주목했다. 이번 파리 올림픽에서도 한국 양궁 선수들은 10연패의 금메달을 온 국민에게 선사했다. 40년 동안 한 번도 빠짐없이 금메달을 따는 것은 결코 쉬운 일이 아니다. 그들은 정말 '화랑의 후예'라는 자부심을 느끼게 해주었다.

양궁은 원래 한국 선수들이 세계적으로도 압도적으로 뛰어난 종목이기에 크게 걱정하지는 않았지만, 몇몇 외국 선수들도 우리 선수들 못지않게 실력이 뛰어났다. 특히 인상 깊었던 선수는 아프리카의 차드 출신 양궁 선수였다. 그는 전기기술자 아르바이트로 생계를 이어가다가 양궁에 대한 열정 하나로 독학을 통해 올림픽 무대에 올랐다. 비록 스폰서도, 가슴 보호대조차 없이 64강에서 한국 선수와 겨루어 1점을 받고 탈락했지만, 그의 이야기는 전 세계 사람들의 마음을 울렸다.

올림픽 대표 선수가 되는 것은 결코 쉬운 일이 아니다. 국가의 전폭적인 지원과 몇 년간의 혹독한 훈련을 거쳐야만 올림픽에 출전할 수 있는 자격을 얻는다. 그런데도 그 선수는 혼자서 독학으로 이룬 성과로 올림픽에 참가한 것이다. 다행히도 세계양궁협회는 그를 수련 선수로 지정해 앞으로 직업 선수로서 훈련받을 수 있도록 지원을 약속했다. 그는 인터뷰에서 비록 메달은 따지 못했지만, 세계 최고의 선수들과 함께 무대에 선 것이 자랑스럽다고 말했다. 그의 용기와 열정에 많은 사람들이 찬사를 보냈다.

이번 파리 올림픽에서 우리나라는 예상보다 훨씬 뛰어난 성과를 거두었다. 특히 여자 선수들의 활약이 눈부셨다. 양궁 외에도 사격, 펜싱, 유도, 역도, 태권도 등, 과거에는 남자 선수들이 주로 메달을 따던 종목에서 여자 선수들이 메달을 획득하며 세상을 놀라게 했다. 한 여자 사격 선수는 올림픽이 끝난 후, 외국 방송사와 기업들로부터 광고와 액션 영화 출연 제의를 받았다고 한다. 그녀는 원래 사격 외에는 큰 관심이 없었지만, 사람들이 잘 모르는 비인기 종목을 알리기 위해 제안을 받아들이기로 했다고 한다. 이 외에도 우리 선수들은 탁구, 배드민턴, 수영 등 다양한 종목에서 메달을 따내며 국민들에게 큰 기쁨을 안겨주었다.

그러나 이러한 성과는 결코 공짜로 얻어진 것이 아니다. 선수들이 오늘의 메달을 따기까지는 수많은 땀과 눈물이 있었을 것이다. 이는 오랜 기간 갈고닦은 노력의 결실이다. 비록 메달을 따지 못한 선수들도 많지만, 그렇다고 해서 그들이 메달리스트들보다 못하다고 할 수는 없다. 그들 또한 우리나라의 자랑스러운 아들딸이다. 모든 선수들에게 아낌없는 응원과 격려의 박수를 보낸다.

벌써 4년 뒤 열릴 LA 올림픽이 기다려진다. 그때는 가족들과 함께 경기장에서 태극기를 휘날리며 응원하고 싶다.